Herwig Blankertz
Kants Idee des Ewigen Friedens
und andere Vorträge

Herwig Blankertz
1927–1983

Herwig Blankertz
Kants Idee des Ewigen Friedens und andere Vorträge

Herausgegeben von Stefan Blankertz
Eingeleitet von Jörg Ruhloff

Büchse der Pandora

Drucknachweise

Kants Idee des Ewigen Friedens
Erstveröffentlichung

Geschichte der Pädagogik und Narrativität
Zeitschrift für Pädagogik, 29 (1983), S. 1–9
(Otto Friedrich Bollnow zum 80. Geburtstag)

Handlungsrelevanz pädagogischer Theorie
Zeitschrift für Pädagogik, 21 (1978), S. 171–182
(Wolfgang Ritzel zum 65. Geburtstag)

ISBN 3-88178-062-9
Originalausgabe

Satz und Ausstattung: VA Peter Grosshaus, Asslar-Werdorf
Druck: Süß, Solms / Bindung: Stowasser, Asslar-Werdorf

Inhalt

Zur Einführung: Pädagogisches Handeln zwischen Verwissenschaftlichung und Bildungstradition

Der Titel ist Interpretation. Herwig Blankertz ist am 26. August 1983 im Alter von 55 Jahren den Folgen eines Verkehrsunfalls erlegen. Der tragische frühe Tod hat den Vortrag über »Kants Idee des ewigen Friedens« zum letzten von ihm zur Veröffentlichung bestimmten Aufsatz werden lassen. Er zählte diese Arbeit, wie er im Familienkreis geäußert hat, zusammen mit den beiden hier wieder abgedruckten Vorträgen der Jahre 1982 und 1978 zu den für ihn wichtigsten. Besonders bedeutsam waren sie ihm offenbar in dem Sinne, daß er in ihnen die Einsicht und Hauptintention seiner bisherigen theoretisch-pädagogischen Anstrengung am klarsten konzentriert und den gedanklichen Umkreis seiner künftigen Vorhaben am besten vorgezeichnet sah.

Diese Einschätzung kann verblüffen. Die drei Beiträge bewegen sich nämlich weder in der Thematik, mit der sein Name angesichts der überaus erfolgreichen »Theorien und Modelle der Didaktik« für die meisten verknüpft ist, noch beziehen sie sich unmittelbar auf das umfangreiche pädagogische Reformwerk, dem er in 13 Lebensjahren einen Großteil seiner Kraft gewidmet hat, die Begründung und Erprobung einer gemeinsamen Jugendbildung anstelle getrennter gymnasialer und beruflicher Bildungswege im Modellversuch »Kollegstufe Nordrhein-Westfalen«. Zwar deutet die Beurteilung gewiß nicht auf eine Distanzierung von dem dort Beabsichtigten und Versuchten hin. Wohl aber zeigt sie an, daß nicht die Erneuerung der Didaktik und nicht das Modell einer Kollegschule im Zentrum seines pädagogischen Aufgabenbewußtseins standen, sondern daß diese wissenschaftlichen bzw. pädagogisch-politischen Intentionen einem umfassenderen bewegenden Grundgedanken zuzuordnen sind.

Die inhaltliche Zusammengehörigkeit der drei Beiträge leuchtet indessen nicht ohne weiteres ein. Nach ihren Entstehungsanlässen und ihren unmittelbaren thematischen Absichten weisen sie in verschiedene Richtungen, und es bedarf einer genaueren Betrachtung, um dem sachlich verbindenden Problem auf die Spur zu kommen.

»Kants Idee des ewigen Friedens« ist für eine Ringvorlesung an der Universität Münster geschrieben worden, vorgetragen am 2. 5. 1983 vor Studierenden in einer Situation der zunehmenden Polarisierung der politischen Parteinahmen für und wider die Nachrüstung der NATO-Staaten, die den Frieden für viele zu dem alle anderen Lebensprobleme überlagernden absoluten Entweder/Oder des eigenen Daseins hat werden lassen. Wo die persönliche positionelle Fixierung angesichts der vorstellbaren Vernichtung der Menschheit aus einem zweifelsfrei allgemeinen Interesse endgültig gerechtfertigt und darum für Rückfragen kein Grund zu bestehen scheint, verwickelt Herwig Blankertz Hörer und Leser so in den Gedankengang Kants, daß die distanzierte Selbstüberprüfung gegen betroffene Befangenheit und angstvolle Bewußtseinslähmung Raum gewinnen kann.

Den Essay »Geschichte der Pädagogik und Narrativität« hat Herwig Blankertz für den kleinen privaten Kollegenkreis des »Salzburgers Symposions« verfaßt. Am 1. Juni 1982 hat er ihn dort referiert. Er entwickelt in einer grundlagentheoretischen Besinnung die Bedingungen der Möglichkeit pädagogischer Geschichtsschreibung heute. Nach Inhalt und Eigenart der Erörterung handelt es sich um eine Problemstellung, die weder einer breiten aktuellen Aufmerksamkeit entgegenkommt noch auf den ersten Blick eine praktisch bedeutsame pädagogische Frage jenseits der Diskussion der Fachgelehrten zu berühren scheint.

Die dritte Abhandlung ist der Eröffnungsvortrag beim 6. Kongreß der Deutschen Gesellschaft für Erziehungswissenschaft am 8. März 1978 in Tübingen. Herwig Blankertz war damals Vorsitzender dieser Gesellschaft. Er verstand das Amt des Repräsentanten der professionellen Pädagogik in der Bundesrepublik trotz der unübersehbaren positionellen Zerrissenheit der Erziehungswissenschaft und ungeachtet seiner eigenen Exponiertheit für ein umstrittenes bildungspolitisches Reformwerk nicht primär aus der formalen Funktion, sondern aus der Verpflichtung, auch eine substanzielle Gemeinsamkeit der Erziehungswissenschaftler zum Ausdruck zu bringen. Diesen Anspruch löst er ein durch eine selbstkritische Deutung der Pädagogik zum Zeitpunkt des Epocheneinschnitts, den er als Ende der »Emphase für die Bildungsreform«, der »Expansion der Erziehungswissenschaft« und des gesellschaftlichen »Vorschußkredits« auf die Wissenschaftlichkeit als Garanten erfolgreichen pädagogischen und bildungspolitischen Handelns markant auf den Nenner bringt.

Die Vergegenwärtigung der unterschiedlichen Anlässe ihrer Entstehung verbietet es, etwa eine geplante thematische Ergänzung der drei kleinen Arbeiten anzunehmen. Gleichwohl sind sie in einem zentrierenden Problem spezifisch verknüpft.

Die systematisch-historische Erörterung der Friedensidee Kants ist zugespitzt auf die Stellungnahme der heute Handelnden – heute, das heißt unter Bedingungen, die sogar noch das abwägende Stellungnehmen absurd erscheinen lassen können; denn das Zutreiben auf die restlose Auslöschung der Menschheit scheint allem Überdenken den Boden, nämlich eine zu verantwortende Alternative zu entziehen. So wäre es in der Tat, wenn Menschen sich bloß »theoretisch«, als Naturobjekte und dementsprechend den Frieden instrumentell, als Mechanismus kollektiven Überlebens, wie die Furcht ihn aufdrängt, begreifen müßten. Das hieße jedoch nicht weniger, als die Geschichte der sinnstiftenden, die Wahrheit ihrer Gedanken ermessenden und insofern frei verantwortenden Vernunft abzubrechen. Wohl »drängt« auch sie, die moralisch sich bindende Vernunft, den ewigen Frieden auf, aber nicht um den Preis ihrer eigenen Widerrufung, des Verzichts auf die am Handeln aus Vernunft hängende Würde der Menschen. Darum gibt es auch heute, im Sinne einer realistischen statt nur »unendlichen« Aufgabe sogar *erst* heute eine Alternative: nicht *die* zwischen Frieden und Krieg, sondern die zwischen dem gedankenlosen Friedhofsfrieden aus Überlebensfurcht und dem aus der Revolution der Denkungsart entspringenden Frieden als Tat moralisch verpflichteter Vernunftwesen. Dieser Problementfaltung liegt die Frage zugrunde, ob und wie im Angesicht der Gefahr eines scheinbar alles vergleichgültigenden Endgeschehens dennoch sinndifferenzierendes geschichtliches Handeln möglich ist.

Auf die Frage nach der geschichtlichen Handlungsaufgabe in der Gegenwart laufen aber auch die beiden anderen Texte aus unterschiedlichen Richtungen zu. Die »Narrativität«, die Möglichkeit, Geschichte der Pädagogik zu erzählen, interessiert Herwig Blankertz nicht aus einem isolierten methodologischen Blickwinkel. Ob Geschichte sich in der erzählenden Überlieferung auf einen Sinn hin versammeln läßt, ist vielmehr für das pädagogische Handeln dann ausschlaggebend, wenn der Bildungsprozeß seinen überindividuellen Beweggrund, die Überwindung der menschheitlichen Unmündigkeit in der Generationenfolge, nicht verlieren und zur sisyphoshaften Wiederholung des immer Vergeblichen geraten soll. Hauptsächlich ist es heute der historisch-wissenschaftliche Verstand, der das pädagogische Motiv in der Geschichte zu verschütten droht. Seine Erklärungskraft kann die Sinnlosigkeit suggerieren, sich selber noch als Teilhaber in einer der Richtung nach mitzuverantwortenden geschichtlichen Handlungskette zu verstehen. Wie die Entwicklung des technischen Vernichtungspotentials heute die *Zukunft* der Vernunft des Einzelnen zu entziehen scheint, so verdeckt die wissenschaftliche Erklärung der Geschichte aus sozialwissenschaftlichen Gesetzeshypothesen das bedeutsam Einmalige. Beide, Zukunft und Vergangenheit, deformieren unter der Last dessen, was menschliche Vernunft erschlossen und zuwege gebracht hat. Erst der Ausblick auf eine gestaltete, in der Erzählung Kontur gewinnende Vergangenheit *und* auf eine noch zu gestaltende Zukunft gibt jedoch die Gegenwart für besonnenes Handeln im Unterschied zum blinden Entscheiden ebenso wie zum Aufgehen im institutionalisierten Geschehen frei. Die Narrativität ist deshalb Bedingung heutigen pädagogischen Handelns. Sie ist nicht romantisch zu beschwören, sondern durch den Aufweis von Deutungskategorien, die das Erzählen zu organisieren vermögen, auch als praktisch möglich und endlich durch die Tat zu erweisen. »Die Geschichte der Pädagogik«, die Herwig Blankertz 1982 veröffentlicht hat, ist dafür ein Beispiel.

Im letzten Beitrag schließlich ist das Verhältnis von Handeln und Wissenschaft unmittelbares Thema, das sich an einer Epochenschwelle der erziehungswissenschaftlichen Entwicklung durch den verbreiteten Zweifel an der Bedeutsamkeit wissenschaftlicher Erkenntnis für die pädagogische Praxis objektiv aufdrängt. Der Berechtigung dieses Zweifels geht Herwig Blankertz nach. Er rekonstruiert die Verdrängung der unauflöslichen Spannung zwischen erziehungsphilosophischer Reflexion und technischem Steuerungswissen als den übergreifenden Grund des Rückzugs aus der Verantwortung. Nicht die Preisgabe der Wissenschaftlichkeit, sondern ihre Bindung an den vorausgesetzten und in der europäischen Bildungstradition zu entdeckenden Sinn des Erziehens, die Freigabe von Mündigkeit, vermag dem pädagogischen Handeln die heute angemessene Orientierung zu geben, ohne es zum Vollstrecker der Erziehungswissenschaft zu entwürdigen.

Die herausgehobene Bedeutung, die Herwig Blankertz den hier zusammengestellten Vorträgen für sein Denken beigemessen hat, wird aus ihrer gemeinsamen Grundrichtung und ihrer Reichweite verständlich: Für drei ausgezeichnete Punkte im pädagogischen Problemkontinuum der Gegenwart – für die jedermanns Leben betreffende menschheitsgeschichtliche Zukunft, für die Erhaltung der Tradition und für die Gegenwart der verwissenschaftlichten Pädagogik – ermitteln sie die Grenze der naheliegenden Resignation und damit den Grund, aus dem das Handeln sein Recht und seine Kraft zu ziehen vermag. Gerichtet ist diese Kraft auf das Fortschreiten zu einer Menschheit »ohne Status und Übervorteilung«. Ihre Quelle ist jedoch nicht das unangefochtene Vertrauen auf deren künftige Wirklichkeit, sondern der in die Brennpunkte der gegenwärtigen Gefahr ihres Verlustes versammelte Mut, sich aus der selbstverschuldeten Unmündigkeit herauszukämpfen und mit der eigenen Person ein Beispiel dafür zu sein, wie an die Stelle des Geschehens die geschichtliche Tat tritt.

Jörg Ruhloff

Kants Idee des Ewigen Friedens

»Aufklärung ist der Ausgang des Menschen aus seiner selbstverschuldeten Unmündigkeit . . . , sich seines Verstandes ohne Leitung eines anderen zu bedienen . . . Faulheit und Feigheit sind die Ursachen, warum ein so großer Teil der Menschen, nachdem sie die Natur längst von fremder Leitung freigesprochen . . . , dennoch gern zeitlebens unmündig bleiben; und warum es anderen so leicht wird, sich zu deren Vormündern aufzuwerfen . . . Daß der bei weitem größte Teil der Menschen den . . . Schritt zur Mündigkeit, außerdem daß er beschwerlich ist, auch für sehr gefährlich halte, dafür sorgen schon jene Vormünder, die die Oberaufsicht über sie gütigst auf sich genommen haben. Nachdem sie ihr Hausvieh zuerst dumm gemacht haben und sorgfältig verhüteten, daß diese ruhigen Geschöpfe ja keinen Schritt außer dem Gängelwagen, darin sie sie einsperrten, wagen durften, so zeigen sie ihnen nachher die Gefahr, die ihnen droht, wenn sie es versuchen, allein zu gehen.«

Hat es Sinn, den Philosophen Immanuel Kant, der so kämpferisch die Programmatik der Aufklärung auf den Begriff brachte, nach dem Frieden zu befragen? Zweifel könnte am Platz sein. Denn die Emanzipation fällt dem Menschen nicht in den Schoß, sondern muß erkämpft werden, ist Resultat einer gewaltigen Anstrengung der geschichtlich handelnden Subjekte: Leben *ist* Kampf, ja »Krieg« – der ewige Friede wäre der Friede des Kirchhofs: »Die Toten schlagen sich nicht mehr« (Leibniz).

Andererseits: Ein aufgeklärtes Volk kann doch wohl von sich aus den Krieg unmöglich wollen. Wenn es denn der Zustimmung der Völker bedürfte, um Kriege zu führen, müßte der Frieden gesichert sein, sobald der von Kant formulierte erste Definitivartikel zum ewigen Frieden eingelöst wäre:

»Die bürgerliche Verfassung in jedem Staate soll republikanisch sein.«

Zweifel mögen auch hier am Platze sein. Aber das verschlägt nichts. Denn die Hauptsache lautet: Kants Ethik schließt vom moralischen Postulat her den Krieg aus. Die Menschheitsformel des kategorischen Imperativs, die da gebietet, die Menschheit in der eigenen Person wie in der eines jeden anderen stets als Zweck und niemals bloß als Mittel zu gebrauchen, ist eindeutig. Die Frage, unter welchen Bedingungen es gerechtfertigt sein könnte, zur Durchsetzung von welchen Zwecken auch immer, Menschen zu töten und zur Tötung anzuhalten, bereitet keine Auslegungsschwierigkeit. Indessen: Das Leben ist – für Kant nicht anders als für Schiller – der Güter höchstes nicht. Wer dem Tyrannen, der falsch Zeugnis, Verrat, Folterdienst und Speichelleckerei erpressen will, trotzt und eben dafür mit dem Leben zahlt, hat sich nicht zum bloßen Mittel entwürdigt, sondern in Erfüllung des Sittengesetzes seine Zweckhaftigkeit bewährt; der Mörder aber ist gerichtet.

Gerade deshalb

»spricht die moralisch-praktische Vernunft in uns ihr unwiderstehliches Veto aus: Es soll kein Krieg sein; *weder der zwischen mir und dir im Naturzustand noch zwischen uns als Staaten ... Also ist nicht mehr die Frage: Ob der ewige Friede ein Ding oder Unding sei ..., sondern wir müssen so handeln, als ob das Ding sei, was vielleicht nicht ist ... um ihn (den Frieden) herbeizuführen und dem heillosen Kriegführen ... ein Ende zu machen ...«.*

(*Die Metaphysik der Sitten,* Rechtslehre, Beschluß, VI, S. 354) *

* Zitate in modernisierter Schreibweise nach der Akademieausgabe der Werke Kants, Neudruck Berlin 1968

Wer es nicht nur für geboten hält, in einer bestimmten Situation das Kriegführen zu unterlassen, sondern vielmehr die Kriegsmöglichkeit prinzipiell zu beseitigen, den nennen wir einen Pazifisten. Betrachten wir bei Kant nur diesen Tatbestand, daß er den Krieg als mit dem moralischen Gesetz in Widerspruch stehend begriff, so dürften wir ihn unter diese Kategorie subsumieren. Soweit der Pazifismus aber an unsere Gefühle appelliert – und ohne Erläuterung liegt das auch in der Suggestivfrage, die den Titel dieser Ringvorlesung ausmacht: Wettrüsten oder Frieden? –, soweit der Pazifismus an unsere Gefühle appelliert, an unsere Angst vor dem eigenen Tode, vor dem Grauen der Schmerzen und der Vernichtung, soweit er aber auch – das auszusprechen gebietet die intellektuelle Redlichkeit – an unsere Feigheit appelliert, die es vermeiden will, mit letzter Konsequenz für etwas Überpersönliches einstehen zu müssen, das uns verpflichtet, findet er bei Kant keine Stütze. Denn den Menschen, jeden Menschen, ohne Ausnahme als Zweck heilig zu halten, so unheilig er empirisch auch immer sein mag, folgt ausschließlich daraus, daß wir *Adressaten* des Sittengesetzes sind. Das aber sind wir nur als Vernunftwesen, nicht als Sinnenwesen, als die wir uns »mit den übrigen Tierklassen in einen gleichen Mechanismus der Natur geworfen« finden.

Kant hat in mehreren seiner Schriften das Thema des Friedens behandelt. Indem er über Fragestellungen, die das Gemeinwesen betreffen, philosophierte, unterstellte er nicht Platons Rat, die Philosophen Könige werden zu lassen, so wenig er das Umgekehrte, daß Könige zu Philosophen werden sollten, für aussichtsreich hielt: Der Besitz der Gewalt verderbe unvermeidlich das freie Urteil der Vernunft. Aus dieser, wenn man so will, resignativen Einstellung, was das Verhältnis von kritischem Denken und politischem Handeln angeht, folgte aber kein Rückzug auf bloße Abstrakta. Taugen Philosophen nicht als Regenten, so doch als deren Ratgeber, nicht freilich als geheime Einflüsterer und graue

Eminenzen der Kabinette, sondern als Repräsentanten einer frei und öffentlich zugänglichen, keiner anderen Instanz als der der Vernunft verpflichteten Meinungsäußerung. So fragte Kant dann eben nicht nur, wie er es allerdings in der Kritik der praktischen Vernunft tat, was dem Menschen durch das Sittengesetz zu tun aufgetragen ist, sondern auch, was die Natur dazu beiträgt, daß der Mensch zu dem, was er tun sollte, aber nicht tut, genötigt werde. Die Natur legt dem Menschen keine Pflichten im moralischen Sinne auf – Verpflichtungen erfolgen allein aus dem Tatbestand unserer Freiheit – sondern sie, die Natur, »tut es selbst, wir mögen wollen oder nicht«.

Und dann lesen wir etwas, was den Pazifisten ebenso verdrießlich stimmt, wie den Militaristen das moralische Veto gegen den Krieg. Wer Kant nach Krieg und Frieden befragt, gerät zwischen alle populär definierten und positionell besetzten Stühle. Aber wer das Selbstdenken noch nicht abgeschlossen hat, wer noch einmal hören will, ob die eigene Auffassung überprüfungsfähig ist, der höre hin, auch dann, wenn es ihm zunächst einmal gegen den Strich gehen mag. Gegen den Strich allerdings wird es, wie ich vermute, vielen von Ihnen klingen: Denn Kant statuierte, die Natur wolle Zwietracht und Krieg, und – schlimmer noch – damit, daß sie dieses wolle, wisse sie besser, was der Menschengattung fromme. Der Mensch

> *»will gemächlich und vergnügt leben; die Natur will aber, er soll aus der Lässigkeit und untätigen Genügsamkeit hinaus sich in Arbeit und Mühseligkeiten stürzen«*

Ohne Krieg würden die Menschen

> *»gutartig wie die Schafe, die sie weiden, würden ihrem Dasein kaum einen größeren Wert verschaffen als dieses ihr Hausvieh hat... Dank sei also der Natur für die Unvertragsamkeit, für die mißgünstig wetteifernde Eitelkeit, für die nicht zu befriedigende Begierde zum Haben oder auch*

zum Herrschen! Ohne sie würden alle vortrefflichen Naturanlagen in der Menschheit ewig unentwickelt schlummern.«

(*Idee zu einer allgemeinen Geschichte . . .*, VIII, S. 21)

Von Sittlichkeit ist hier keine Rede, nur vom Gesetz der Natur. Unvertragsamkeit, Eitelkeit, Habsucht, Herrschsucht und Selbstbehauptung sind die Wirkkräfte, mit denen die Menschen die in ihnen schlummernden Möglichkeiten gegenseitig herausfordern, wie die Bäume, die im Walde stehen, indem jeder dem anderen Luft und Licht zu nehmen sucht, sich gegenseitig in die Höhe treiben und so einen graden Wuchs erzielen, während sie alleinstehend verkrüppeln. Die Annahme wohltätiger Wirkungen von Eigennutz und Konkurrenzdenken in der Beziehung der einzelnen Menschen untereinander überträgt Kant auf das Leben der Völker, und in diesem Kontext erscheint dann auch der Krieg, wenn schon nicht als Recht – ein Recht zum Kriege gibt es nach Kant unter keiner nur denkbaren Bedingung – so doch als eine Erziehung der Gattung zur Vollendung ihres Auftrages. So läßt Kant Respekt, ja Bewunderung für Tapferkeit im Kriege gelten, weil soldatische Bewährung ausdrückt, daß der Mensch seine moralische Integrität höher achtet als das physische Leben.

Aber das ist nur ein erster, oberflächlicher Eindruck. Die genauere Analyse zeigt, daß es mit der Lobpreisung des Krieges auch unter dem Aspekt der naturhaften Zwänge der Geschichte nicht viel auf sich hat. Der Segen der freien Konkurrenz, den Kant immerhin für Handel und Geschäft unterstellte, war ihm im Falle des Krieges doch mehr als zweifelhaft:

»Man muß gestehen, daß die größten Übel, welche gesittete Völker drücken, uns vom K r i e g e, und zwar nicht so sehr von dem, der wirklich oder gewesen ist, als von der nie nachlassenden und sogar unaufhörlich vermehrten

Zurüstung zum künftigen, zugezogen werden. Hierzu werden alle Kräfte des Staates, alle Früchte seiner Kultur... verwandt; der Freiheit wird an so vielen Orten mächtiger Abbruch getan, und die mütterliche Vorsorge des Staates für einzelne Glieder in eine unerbittliche Härte der Forderungen verwandelt... «
(*Mutmaßlicher Anfang...*, VIII, S. 121).

Sinnlosigkeit und demoralisierende Wirkungen des Wettrüstens hatte Kant also ebenso klar erkannt und beim Namen genannt, wie in die Achtung vor dem soldatischen Mut *im* Kriege ausdrücklich nicht einbezogen wird der Mut *zum* Kriege, weil der Krieg mehr böse Menschen mache als er dahinraffe, – mache, so hatte es schon ein alter Grieche bemerkt, durch die systematische Demoralisierung des Verhaltens-Kodex: Prahlen des Siegers mit Mord- und Zerstörungstaten, Spionage, Giftmischerei, Verbreitung von Lügen und Bruch von heilig beteuerten Vereinbarungen, – eine Kette der Immoralität von der Anzettelung des gewaltsamen Konfliktes sowie seiner scheinheiligen Rechtfertigung mit der Schlechtigkeit der menschlichen Natur oder bösen Absicht des Gegners, der zuvorgekommen werden mußte, bis hin zu dem Skandal des kirchlichen Siegesfestes, bei dem paradoxerweise Gott dafür gedankt wird, daß so viele Feinde – Menschen – getötet oder deren irdisches Glück vernichtet wurde. Passender, so Kant, wäre nach Ende eines Krieges, eines siegreichen Krieges wohl bemerkt, ein allgemeiner Bußtag wegen der noch immer nicht überwundenen Sünde des Krieges.

Wenn dem so ist, wenn der Krieg

- moralisch disqualifiziert,
- empirisch als das größte aller Übel und, von den Intentionen der Handlungssubjekte her,
- zweckrational als sinnlos erwiesen ist,

warum dann die Zweideutigkeit der philosophischen Argumentation, warum dann die Frage nach einem geheimen

Wissen der Natur, die die unmoralische Geißel in Bewegung hält, um den Menschen seinem Ziele zuzutreiben?

Die Antwort auf diese Frage ist eigentlich einfacher, als beim ersten Überdenken vermutet werden kann. Daß kein Krieg sein solle, daß es Pflicht des Menschen als Vernunftwesen ist, für den ewigen Frieden zu arbeiten, mag so unstrittig sein wie es wolle – wird es etwas nützen, werden die Menschen für den ewigen Frieden eintreten, wenn sie ihn denn für unmöglich halten, ja halten müssen?

Sittliche Gründe, auf gegenseitige Vergewaltigung und Unterjochung zu verzichten, sind seit Jahrtausenden bekannt. Aber gerade diejenigen, in deren Händen die maßgeblichen Entscheidungen liegen, finden stets Vorwände, daß und warum in der jeweiligen Situation die Staatsraison gebiete, sich über das an sich Gebotene hinwegzusetzen. Die geschichtliche Erfahrung spricht *gegen* die Möglichkeit des ewigen Friedens – als einzelner gegen die Weltläufe in die Schranken zu treten, ist als individuelle Gewissensentscheidung moralisch, als politisch-praktische Maxime eine Donquichotterie. Wie aber wäre es zu denken, wenn das Ziel durch den verborgenen Plan der Natur, eine vollkommene Staatsverfassung und eine internationale Rechts- und Friedensordnung zustande zu bringen, erreicht werden könnte, mithin Drangsal und Leiden der Kriege gleichsam über eine List der Vernunft das eröffnen, was die Moral nur postuliert? Für den Gang der Geschichte haben Interessen und Leidenschaften faktisch einen viel größeren Stellenwert als alle Moral. Aber

> »... *eben die Entgegenwirkung der Neigungen, aus welchen das Böse entspringt, untereinander verschafft der Vernunft ein freies Spiel, sie insgesamt zu unterjochen und statt des Bösen, was sich selbst zerstört, das Gute, welches, wenn es einmal da ist, sich fernerhin von selbst erhält, herrschend zu machen.*«
>
> (*Über den Gemeinspruch: Das mag in der Theorie ...*, VIII, S. 312)

Die Kriege werden zu teuer und zu gefährlich. Sie lohnen nicht mehr.

Diese Vorstellung einer zwangsläufigen Entwicklung durch die unbeabsichtigte Harmonie der Interessen ist im Sinne Kants natürlich kein Fortschritt der Moralität – denn moralisches Verhalten bemißt sich an der Gesinnung des Handelnden –, sondern nur der Legalität, d. h. der Übereinstimmung des Handlungserfolges mit objektiv gesetzten Normen, unabhängig von den Motiven des Handelnden. Die Legalität aber ist die Sphäre des Rechts; und auf diese konzentrierte sich Kants Interesse bei der Analyse des möglichen Fortschrittsweges der Geschichte zum ewigen Frieden. Dem Recht traute er größere Wirksamkeit zu, weil es von den Herrschenden nicht so leicht abgetan werden kann wie die Moralität. Denn die Herrschenden sind es ja selbst, die das Recht verwalten und deren Amtsautorität auf der Geltung eben dieses Rechtes beruht, so daß sie zumindest den Schein des Rechtes wahren müssen, auch dann, wenn sie die Gerechtigkeit mißachten. Aus dem Zustand,

> *»in welchem ein jeder selbst Richter über das sein will, was ihm gegen andere recht sei, aber auch für dieses keine Sicherheit von anderen hat oder ihnen gibt, als jedes seine eigene Gewalt; welches ein Kriegszustand ist . . .«*,
> (*Die Religion innerhalb . . .*, VI, S. 97, Anmerkung)

treibt die Natur den Menschen vermöge des unvermeidlichen Ausgangs der Not heraus in die Rechtsordnung des Staates. Von der Moral ist das so weit entfernt, daß »selbst für ein Volk von Teufeln, wenn sie nur Verstand hätten« *(Zum ewigen Frieden)*, diese Problemlösung unausweichlich werde.

Den gleichen Mechanismus aber, den Kant in der Entwicklung der Staatsverfassung am Werke sah, projizierte er auch auf das Verhältnis der Völker untereinander. Der große, unerbittliche Interpret einer Moral der Pflicht vertraute in geschichtsphilosophischer Perspektive überhaupt nicht auf Einsicht und guten Willen, sondern allein auf den Zwang bitterer Not, dann aber auf dieser Basis, wenn auch empirisch noch kontrafaktisch, so doch aus dem Material der historischen Fakten geschmiedet, mit der realen Aussicht auf den ewigen Frieden: Die Natur

> *»treibt durch die Kriege, durch die überspannte und niemals nachlassende Zurüstung zu denselben, durch die Not, die dadurch endlich ein jeder Staat, selbst mitten im Frieden innerlich fühlen muß, zu anfänglich unvollkommenen Versuchen, endlich aber nach vielen Verwüstungen, Umkippungen und selbst durchgängiger innerer Erschöpfung ihrer Kräfte zu dem, was ihnen die Vernunft auch ohne so viel traurige Erfahrung hätte sagen können, nämlich: aus dem gesetzlosen Zustande der Wilden hinauszugehen und in einen Völkerbund zu treten . . .«.*
>
> (*Idee zu einer allgemeinen Geschichte . . .*, VIII, S. 24)

Das also ist die von Kant unterstellte List der Vernunft. Aber sich von naturwüchsigen Mechanismen treiben zu lassen, ist nicht die einzige Möglichkeit des Menschen, Geschichte zu machen. Der Mensch ist als moralische Person zum verantwortlichen Täter seiner Taten aufgerufen, den über Not und Verzweiflung naturhaft gewiesenen Weg zum ewigen Frieden durch eigene vernünftige Veranstaltung schneller herbeizuführen (vgl. *Idee . . .*, 8. Satz). Damit ist kein geschichtlicher Determinismus gemeint, der irgendeine Avantgarde anweist, bewußt dasjenige zu tun, was der Weltgeist von seinen Geschäftsführern erwartet. Die Freiheit des Menschen ist nach Kant *nicht* dadurch definiert, daß der Mensch bewußt das objektiv Notwendige tut –, nein, nur aus einem gänzlich neuen Verhältnis zum Ganzen der naturhaft vorgegebenen Entwicklung kann schließlich die gewaltfreie Selbstdisziplin über die vergewaltigende Gewalt als humane

Bewährung triumphieren. Freiheit im moralischen Sinne entscheidet für das Richtige, *weil* es das Richtige ist, obwohl nicht vorausgesehen werden kann, ob es denn tatsächlich die Not wird wenden können. Gewissensentscheidungen enthalten, was den Handlungserfolg betrifft, ein Risiko, weil wir als endliche Wesen keinen Begriff von »der Zusammenstimmung jener Kunstweisheit mit der moralischen Weisheit in einer Sinnenwelt« haben (*Theodizee*, VIII, S. 263). Weil diese Differenz unhintergehbar besteht, deshalb können wir den Sinn der Geschichte nur finden, indem wir ihn durch unser geschichtliches Handeln selber erschaffen. Von da aus kann man dann auch begreifen, was zunächst so unstimmig erscheint, nämlich daß Kant den Krieg trotz seines zweifelsfreien Unrechts-Charakters nicht nur als den Schaden, aus dem man schließlich klug wird, würdigt, sondern ihn unter bestimmten Bedingungen als geboten gelten läßt und insofern auch die soldatische Bewährung als moralische Leistung respektiert. Der scheinbare Widerspruch löst sich auf, wenn man folgende Überlegung Kants mitvollzieht: Geschichte hat keinen eindeutig vorgegebenen, den Menschen moralisch verpflichtenden Sinn, der nur zu vollziehen wäre, sondern sie enthält eine naturwüchsige Nötigung, deren Sinn sich erst im Handeln aus Freiheit konstituiert. Dann aber können geschichtliche Notwendigkeit und moralische Freiheit nicht schon im Begriff des Rechtes harmonisiert sein, und d. h. daß es geschichtliche Lagen gibt, in denen diese Divergenz tragisch zum Rechtsbruch zwingt. Kant hat das an der Hinrichtung Ludwigs XVI. verdeutlicht: Die Französische Revolution war historisch notwendig. Die Nachfahren mögen sie feiern, aber sie tun es vom Boden einer Rechtsordnung, die erst durch den Rechtsbruch der Revolution erzeugt wurde. Eben darum nannte es Kant schimpflich und entwürdigend, die Tötung des Königs mit dem Schein des Rechtes auszustatten, statt sich unbeschönigt zur Mordtat zu bekennen und die Schuld auf sich zu nehmen.

Genau dieses gilt auch für den Fall *des* Krieges, den Kant billigt. Der Verteidigungskrieg gegen einen Aggressor gebietet alle Mittel des Kampfes, die die Würde der Person nicht mißachten – dies freilich hebt den Vorbehalt nicht auf, daß der Kriegszustand ein unrechter Zustand sei. Darum kann der Sieger die Friedensbedingungen immer nur gestützt auf seine Gewalt diktieren: Denn es gibt kein Recht zum Kriege, auf das er sich im Nachhinein berufen könnte. Die Wahrheit der kantischen Folgerung ist durch die deutsche Geschichte belegt, für den Deutschen beschämend und schmerzlich, aber gerade darum von uns ohne den Verdacht rabulistischer Verdrehung auszusprechen: Der militärische Kampf gegen Hitlers Unterjochungs- und Ausrottungsfeldzüge war eine sittlich gebotene Pflicht; er erfüllte die Bedingungen des von Kant definierten Verteidigungskrieges – aber das Unrecht der Kriegshandlungen selbst kann auch daraus nicht zum Recht umgedeutet werden. Denn als regulative Idee hängen die höchsten praktischen Vernunftprinzipien mit denen der theoretischen Naturkenntnis zusammen, d. h. die Vernunft stimmt mit sich selbst überein, auch wenn der Mensch diese Übereinstimmung nicht zu vergegenständlichen vermag. So ist der eigentliche Feind des Friedens nicht der Krieg – denn mitunter muß um des Friedens und der Menschlichkeit willen Krieg geführt werden –, sondern der Glaube an den Krieg als eines des Menschen würdigen Instrumentes der Politik.

> *»Wenn es Pflicht ... ist, den Zustand eines öffentlichen Rechts, obgleich nur in einer ins Unendliche fortschreitenden Annäherung wirklich zu machen, so ist der ewige Friede ... keine leere Idee, sondern eine Aufgabe ...«*
> (*Zum ewigen Frieden,* VIII, S. 386)

– eine geschichtliche Aufgabe, deren Erfüllung erkämpft werden muß wie die Aufklärung als Ausgang des Menschen aus seiner selbstverschuldeten Unmündigkeit.

Freilich, wenn Kant an den Ewigen Frieden dachte, so in der Kategorie einer unendlichen Aufgabe – eine praktisch unbegrenzte Zeitspanne vor Augen. Nach jeder Katastrophe waren Menschen übrig geblieben, würden Menschen übrig bleiben. Heute hingegen kann die Menschheit sich durch den Atomkrieg ohne Rest auslöschen. Und im Unterschied zu Kant haben wir nicht mehr viel Zeit vor uns. Das Bewußtsein dieser Zeitknappheit steigert unsere Angst auf eine nie dagewesene Höhe, die Angst als der Naturfaktor, der der Friedenssicherung zur Hilfe zu kommen scheint. Im Prinzip hatte Kant das bereits so prognostiziert. Aber lernen können wir von ihm zugleich, daß der Friede nicht sein wird, wenn der Mensch sich allein auf Naturnotwendigkeit verläßt, die den Frieden erzwingen soll, statt ihn aus Freiheit zu stiften. Denn der Friede aus Angst, der Friede aus Ruhe- und Glücksbedürfnis gleicht die Schändung der Menschenrechte nicht aus; Wohlstand ersetzt keine preisgegebene menschliche Würde. Eben darum bleibt die Revolution der Denkungsart, die Kant so unvergleichlich auf den Begriff brachte, die Möglichkeitsbedingung des Ewigen Friedens, – daß er sein solle, das allerdings ist die Sprache des sittlichen Imperativs selbst!

Geschichte der Pädagogik und Narrativität

»Geschichte der Pädagogik«, »Pädagogikgeschichte«, »Historische Pädagogik« oder »Pädagogische Geschichtsschreibung« sind Begriffe mit nicht eindeutig bestimmtem Sinngehalt. Aber ungeachtet einiger wissenschaftstheoretischer Festlegungen, über die kein allgemeiner Konsens besteht, darf man davon ausgehen, daß der Gesamtkomplex pädagogischer Theorien und erzieherischer Praxis als Teil eines Kulturzusammenhanges verstanden wird. Alle Zeichen der historischen Stunde dieses Kulturzusammenhanges kommen auch der »Pädagogik« im weitesten Sinne des Wortes zu. So darf die Frage nach dem Verhältnis von historischer Tatbestandserfassung und Erzählbarkeit unmittelbar aufgegriffen und auf die Pädagogik bezogen werden.

Einer der ersten bedeutenden Autoren der deutschsprachigen pädagogischen Geschichtsschreibung war der Heidelberger Theologieprofessor Schwarz. Er bemerkte in seiner 1813 erschienenen »Geschichte der Erziehung«, daß die Darstellung der historischen Entwicklung immer nur den Ausschnitt, der sich auf Urkunden und andere schriftliche Quellen stützen kann, treffe und dabei auch noch eine ganz bestimmte Auswahl darstelle, während dasjenige darzustellen, »was in der Erziehung selbst geschehen« sei, eine »vollends unauflösbare Aufgabe« bleibe (Schwarz 1813, S. 5). Die Schwierigkeit sah Schwarz nicht nur in der Datenbeschaffung zum erzieherischen Verhalten von Menschen früherer Zeiten, sondern auch in der Zurechnung der Folgen, die unerläßlich vorgenommen werden müsse, wenn man die Wirkungen der Generationen aufeinander erzählen wolle. Eine Beschränkung auf die gut zu dokumentierende Institutionengeschichte war damit nahegelegt, wenn auch Schwarz das nicht so deutlich gesagt hat. Tatsächlich ist die Geschichte des Unterrichtswesens in der Folge zu einem wichtigen Teil der pädagogischen Geschichtsschreibung geworden. Ein halbes Jahrhundert nach Schwarz setzte Friedrich Paulsen der Schulgeschichtsschreibung einen Maßstab, der bis heute gültig geblieben ist: Die »Geschichte des gelehrten Unterrichts« (1885) war ein Markstein, von dem alle Nachfolger gelernt haben. An Paulsens Werk haben sich zahlreiche Bücher zur Geschichte des Gymnasiums, der Grund- und Volksschule, der mittleren Schulen, der Berufsausbildung in Betrieben und Schulen, ebenso zeitlich bzw. regional begrenzte Untersuchungen zur Schulentwicklung im Spiegel der Spannungen zwischen den verschiedenen Schulformen und Schulstufen angeschlossen.

Indessen: Schulentwicklung ist nur darzustellen im Kontext der politischen und ökonomischen Entwicklung sowie deren Verhältnis zu pädagogischen Absichten, Hoffnungen und Befürchtungen. Daher steht Schulgeschichte immer auch im Banne einer Geschichte des pädagogischen Denkens, ebenso wie umgekehrt die Theorie- und Ideengeschichte vielfach mit der Geschichte der pädagogischen Institutionen verknüpft ist. Erich Weniger hat zu begründen versucht, warum fast jede Geschichte der Pädagogik die Schulentwicklung einbezieht: nicht einfach deshalb, weil sie so gut zu dokumentieren ist, sondern weil Institutionen oftmals erst einer Problematisierung der unbefragt gültigen Formen der Erziehung folgen und gerade darum ihrerseits einer ausdrücklichen Rechtfertigung bedürfen (Weniger 1936). Treibt der Legitimationsdruck die institutionalisierte Erziehung zur Herausbildung von pädagogischen Theorien, so ist deren Genese nicht ohne diesen Rückbezug auf Institutionen und »Ämter« verständlich zu machen. Der hier angedeutete Zusammenhang zwischen Theorie- und Institutionengeschichte ist an Paulsens Schulgeschichte zu belegen: Der zweite Band trägt den Untertitel »Der gelehrte Unterricht im Zeichen des Neuhumanismus«. Paulsen führte den Begriff »Neuhumanismus« überhaupt erst ein und drückte so von der Schulgeschichte her einer ganzen Epoche der Pädagogik als einer Epoche des griechisch orientierten Humanismus und der Deutschen Klassik nachträglich den Namen auf, der heute in keiner Geschichte der Pädagogik fehlt, obwohl Institutionen und pädagogisches Denken dieser Zeit nur partiell neuhumanistisch waren.

Schwarz hatte, als er 1813 seine Geschichte der Erziehung auf einzelne Aspekte beschränkte, den Grund solcher Beschränkung in der schwierigen Datenlage gesehen. Heute wissen wir über die Vergangenheit der Erziehung ebenso wie über das frühere pädagogische Denken mehr als Schwarz. Aber die Möglichkeit, alles das, was Schwarz vorgeschwebt haben mag, zu erzählen, ist nicht besser geworden, eher könnte man sogar das Gegenteil konstatieren. Denn die Sicherung von immer mehr geschichtlichem Wissen hat zunächst einmal einen Differenzierungsprozeß von Teildisziplinen der Historischen Pädagogik eingeleitet, von dem keine integrierenden, narrativen Impulse stimuliert worden sind. Ein hervorragendes Beispiel dafür ist das von der Deutschen Forschungsgemeinschaft geförderte Qualifikationskrisenprojekt, das in Bochum von der Forschungsgruppe um Detlef K. Müller (1977a, b) und in Göttingen von der Gruppe um Hans-Georg Herrlitz (1977) betrieben wird. Hier sind die Methoden der modernen Sozialwissenschaften, die Instrumente der Bildungsökonomie, der Statistik, der Berechnung des relativen Schulbesuchs und der Sozialschichtenanalyse sehr konsequent auf die Schulentwicklung angewandt worden. Ausgelöst wurde diese Ursachenanalyse der Qualifikationskrise während der 80er Jahre des 19. Jahrhunderts nun nicht etwa durch eine Auseinandersetzung mit den zeitgenössischen schulpolitischen Kämpfen oder mit den übergreifenden bildungstheoretischen Legitimationsversuchen, sondern durch eine heute aktuelle Betrachtungsweise, die damals unbekannt war, nämlich durch eine Diskussion des Kurvenverlaufes der quantitativen Beteiligung der verschiedenen Sozialschichten an höheren Bildungswegen, konkret also durch die Frage, wie die Rücknahme der Bildungsexpansion vor etwa einem Jahrhundert zu erklären sei. Die Resultate dieser Zugriffsweise sind beeindruckend: Weite Strecken der Schulgeschichte des 19. Jahrhunderts müssen neu gedeutet werden. Denn Müller konnte zeigen, daß das Gymnasium in der ersten Hälfte des 19. Jahrhunderts einen gesamtschulartigen Charakter hatte und daß sich das vertikale, dreigliedrige System allgemeinbildender Schulen erst gegen Ende des Jahrhunderts durchsetzte. Weiter konnte gezeigt werden, daß die maßgebliche Argumentationsfigur gegen den Gesamtschulcharakter des Gymnasiums nicht etwa Leistungs*schwäche*, sondern übermäßiger Leistungs*druck* war; und erst die Qualifikations-Forschung konnte plausibel machen, inwiefern sowohl »Überfüllung« des weiterführenden Bildungswesens als auch »Überbürdung« der Schüler von denselben Bildungspolitikern ohne immanenten Widerspruch beanstandet werden konnte. Von da aus gelang es dann auch, die in den gleichen Zeitraum fallende Änderung der Schul*finanzierung* in einen Zusammenhang zu bringen mit der Umstellung von der Leistungsselektion *innerhalb* des Gymnasiums auf die soziale Selektion *vor* Schuleintritt. Die Rolle, die in diesem Prozeß dem von Paulsen so plastisch beschriebenen, in seiner objektiven Funktion aber nur zum Teil erfaßten Kampf um das Gymnasialmonopol zukam, konnte neu erörtert werden. Schließlich ergaben sich auf diese Weise auch noch Einsichten in die Mechanismen der »Übersteuerung« im administrativen Krisenmanagement, die dann von der Überfüllung in den Fehlbedarf führten und von da aus fast zwangsläufig in die nächste Qualifikationskrise (Herrlitz et al. 1977).

Detlef K. Müller hat in seinem für die angezeigte Neuorientierung der Schulgeschichtsschreibung des späten

19. Jahrhunderts bahnbrechenden Werk (Müller 1977) das erforderliche Material bereitgestellt. Zugleich ist gerade dieses Buch auch ein Beleg für das soviel schwieriger gewordene Erzählen. Es ist ein unkommunikatives Buch, welches dem Leser zwar eine immense Fundgrube von Einzelaspekten darbietet, aber das in ihm enthaltene Daten- und Tabellenarsenal nicht einmal annähernd ausschöpft. Was aber ist das einigende Band? Diese Fragestellung ist zunächst allein auf die *Schul*geschichte gerichtet, weil Müller mit seiner sozialgeschichtlichen Methode ja nur die Schulgeschichte (und noch dazu in einem begrenzten Zeitraum des 19. Jahrhunderts) behandelt hat und dafür schon fast soviel Platz benötigt, wie Paulsen für die gesamte Geschichte des gelehrten Unterrichts. Aber es ist nicht oder jedenfalls nicht primär ein quantitatives Problem. Herrlitz hat gezeigt, daß sogar in Taschenbuchform die Ergebnisse der so angelegten Forschungsrichtung in eine Schulgeschichte von 1800 bis zur Gegenwart eingetragen werden können (Herrlitz et al. 1981). Aber dieses Taschenbuch nennt sich selbst – ich meine mit Recht – eine »Einführung«. Es handelt sich um eine Einführung in die Schulgeschichtsforschung zu vielen Teilaspekten, nicht aber wird hier im eigentlichen Sinne des Wortes Schulgeschichte selbst erzählt. Zum Vergleich verweise ich noch einmal auf Paulsen. Er veröffentlichte 1906 ein dem Taschenbuch vergleichbares Bändchen zur Geschichte des deutschen Bildungswesens, im gleichen Format und mit 192 Seiten exakt im gleichen Umfang wie Herrlitz' Buch von 1981. Aber Paulsen erzählte auf diesem Raum die Schulgeschichte über einen Zeitraum von mehr als tausend Jahren, mit vielen Verknüpfungen zur Theoriegeschichte und kam am Ende mit ganzen 38 Literaturverweisen aus – bei Herrlitz sind es, für nur 180 Jahre, 204 Titel! Paulsen »erzählte«, d. h.: der Leser hatte nach der Lektüre von 192 Seiten den Zusammenhang einer kulturellen und pädagogischen Entwicklung im Bewußtsein. Als ein am Bildungswesen interessierter Laie

konnte er mit dem ihm von Paulsen vermittelten Horizont von Wissen und Urteil zufriedengestellt sein – nicht unbedingt in dem Sinne, daß er Paulsens schulpolitische Optionen, die umstritten waren, teilte, wohl aber in dem Sinne, daß er sich historisch weit genug informiert glauben konnte, um die eigene Stellung zu aktuellen Problemen begründet in die Schulentwicklung einordnen zu können. Ein heutiger Leser von Herrlitz hingegen weiß vor allem, daß er historisch *nichts* weiß, daß er viele dickleibige Werke studieren sollte, müßte, wenn... ja, zu welchem Ziel eigentlich?

Die so zugespitzte Frage betrifft im Kern natürlich nicht nur die Schulgeschichte oder eine die Schulgeschichte einschließende Geschichte der Pädagogik, sondern unser Verhältnis zur Geschichte überhaupt. Geschichte, so hatte schon Friedrich Nietzsche konstatiert, muß aus ihrer Herkunft auf mögliche Zukunft hin ausgelegt werden dürfen. Eine geschichtliche Bildung hingegen, die, wie der Historismus, für wissenswert nur hält, »wie es eigentlich gewesen« (Ranke) sei, macht den Menschen zum »wandelnden Enzyklopädisten« und zur »schwachen Persönlichkeit« (Nietzsche 1874).

Wieviel Historie, so müßte nach Nietzsche gefragt werden, kann der Mensch aushalten, ohne als aktive, gestalterische Kraft abdanken zu müssen? Seine Antwort lautet: Nur soviel Historie könne der Mensch aushalten, wie diese dem Leben diene. Nietzsche verstand diese Wendung als Kritik des historischen Bewußtseins, weil er unterstellte, dieses Bewußtsein nötige den Menschen, sich in viele wechselnde Horizonte zu versetzen, sich also von den eigenen Aufgaben abzuwenden. Tatsächlich aber verfügt gerade derjenige, der die Standortgebundenheit seiner Betrachtungsweise verdrängt, über keinen oder einen nur unbegriffenen historischen Horizont. Nietzsches Behauptung von einem Nachteil der Historie für das Leben trifft allein dann zu, wenn, wie Hans-Georg Gadamer gezeigt hat, das historische Bewußtsein sich selbst mit der Methodologie der Geschichtswissenschaft verwechselt (Gadamer 1960, S. 289). Das aber ist heute in einem viel höheren Maße als zu der Zeit Nietzsches der Fall, weil die Geschichtsschreibung sich von aller Philosophie der Geschichte löste. Mit dem Verzicht auf metaphysische Spekulationen über Sinn und Ziel der Geschichte, die im Licht der modernen Wissenschaften vom Menschen nicht mehr zu halten waren, hat sich dann Stück für Stück auch die Idee des geschichtlichen Zusammenhanges verflüchtigt. Deshalb stößt die Kritik, der der gegenwärtige Geschichtsunterricht an unseren Schulen ausgesetzt ist, weil er chronologische Kontinuität nicht mehr konsequent festhalte, ins Leere. Denn welchen Sinn hat die Wahrung der Kontinuität, wenn erzählte Geschichte keinem Telos mehr folgen darf?

Diese auf den Geschichtsunterricht bezogene Frage hängt ursächlich mit dem Problem der Geschichts*schreibung* zusammen, und insofern trägt die Analyse auch etwas zur Klärung der Schwierigkeiten bei, die sich einer Geschichte der Pädagogik stellen. Denn es handelt sich nicht um einen innerdidaktischen oder schulpädagogischen Konflikt, sondern um die noch ungelöste Spannung zwischen der Anwendung nomologischer, sozialwissenschaftlicher Erklärungspotentiale auf die Geschichte einerseits und dem Narrativen, an das Mysterium der Einmaligkeit, d. h. der punktuellen Unwiederholbarkeit gebundene Element aller Geschichte andererseits (vgl. Faber 1978; Kocka/Nipperdey 1979). Nun sind die angedeuteten Folgen für den Geschichtsunterricht nicht etwa durch wissenschaftstheoretische oder geschichtsmethologische Kontroversen und deren Übertragung auf die Didaktik entstanden, sondern dadurch, daß die Vertreter der Geschichtswissenschaft es faktisch eingestellt haben, Geschichte zu *erzählen*. Im 19. Jahrhundert, aber auch noch im beginnenden 20., war es selbstverständlich, daß ein Professor der Geschichte den Gesamtzusammenhang einer deutschen Geschichte, wenn nicht einer Weltgeschichte vortrug. Viele von ihnen publizierten solche Darstellungen; wichtiger aber war, daß der Professor der Geschichte nicht nur ein Erforscher einzelner historischer Vorgänge war, sondern ein Lehrer, der durch seine Erzählung das Volk mit sich selbst und seinem Geschick, mit der eigenen Vergangenheit und, da diese aus der Betroffenheit der jeweiligen Gegenwart erfaßt war, mit den Aufgaben der Zukunft konfrontierte. Der angehende Schullehrer des Faches Geschichte lernte auf der Universität eben in erster Linie eine Sicht der Geschichte kennen, die er als Erzählung weitergeben konnte. Quellenlektüre und Quellenkritik dienten ihm dazu, die Herausbildung eines wissenschaftlich gesicherten historischen Urteils kennenzulernen und demgemäß die Ergebnisse der Forschung als Beglaubigung der Erzählung verstehen und nutzen zu können, nicht aber sie mit *der* Geschichte zu verwechseln.

Nun wäre es kurzschlüssig, einfach die »Erzählung« zurückzufordern, so als ob es sich nur um einen Willensentschluß handelte. Selbst der Historiker Hermann Heimpel, der ein großer, ja glanzvoller Erzähler war, warnte 1953 in einer Rede über die Möglichkeiten einer Deutschen Geschichte nach der faschistischen Barbarei »vor der Gefährlichkeit aller pragmatischen Erzählungen«, der »oft mißbrauchten literarischen Kunst des Historikers«. Ungeachtet dieser Warnung forderte Heimpel den Mut zur Erzählung, den er definierte als »die Fähigkeit, das Richtige zu erzählen, nämlich das Erzählenswerte aufzufinden«. Und er war zuversichtlich, daß sich mit dieser Fähigkeit auch die »Schönheit der Sprache« einstelle, »während falsche Auswahl des Erzählten die Sprache ihren Dienst versagen« lasse (Heimpel 1954, S. 180f). Allerdings hat Heimpel trotz dieser Zuversicht das Problem, wie die deutsche Geschichte noch einmal neu zu erzählen sei – und das hieße für ihn, daß sie mit sich ins Gericht gehen und zugleich sich mit sich selbst versöhnen müsse –, nur umkreist und in den deutenden Kategorien

»Verfrühung / Überanstrengung / Verspätung« umschrieben, nicht aber ausgeführt.

Die drei deutenden Kategorien, die Heimpel für eine neu zu schreibende Deutsche Geschichte anbot, verweisen auf die Betroffenheit des deutschen Historikers nach zwei verlorenen Weltkriegen, rücken also das Prinzip der Wirkungsgeschichte für die Herausbildung der Fragen an die Geschichte in den Blickpunkt des Interesses. Tatsächlich ist das historische Bewußtsein nie allein an die geschichtlichen Vorgänge, Ereignisse und überlieferten Werke gebunden, sondern immer auch an die Wirkungen, die von ihnen ausgingen, und zwar ausgezogen bis zur jeweiligen Gegenwart. Eben darum muß die Geschichte von jeder Generation wieder erarbeitet, nicht nur fortgeschrieben, sondern als Ganzes neu erzählt werden, soll sie lebendig bleiben. Dieses Prinzip der Wirkungsgeschichte hat Gadamer im Rahmen seiner philosophischen Hermeneutik umfassend begründet. Er hat dabei der überlieferten, oft mißdeuteten Philologen-Maxime, einen Text besser verstehen zu sollen als der Autor selbst, den produktiven Sinn angewiesen: Die Überlieferung ist immer und zwar notwendigerweise in einem jedenfalls anderen Sinn zu interpretieren als Dokumente und Zeugnisse es von sich aus verlangen. Denn der Historiker ist nicht deren Adressat, vielmehr weiß er sich von diesem in sehr spezifischer Weise unterschieden. Gerade aus dieser Differenz zieht der Historiker die Möglichkeit, mehr und anderes aus den Zeugnissen zu entnehmen als diese von sich aus anbieten, die Möglichkeit also, den Gehalt der Zeugnisse mit dem Vorteil der historischen Distanz zu entschlüsseln. Dazu bedarf es keiner intellektuellen Überlegenheit, ja nicht einmal einer Ebenbürtigkeit des Interpreten mit dem Schöpfer der Zeugnisse, sondern der Öffnung gegenüber deren Geltungsanspruch und Wirkungslinien unter der Kategorie der Identifikation mit dem Geschehenen als der eigenen Geschichte (Gadamer 1960, S. 280). Als Leser begreifen wir diesen Zusammenhang intuitiv. Wir lesen die gelungene Erzählung auch dann, wenn sie »veraltet« ist, lieber als die dem neuesten Stand der Forschung entsprechenden Analysen, denen das narrative Element fehlt. So finden in der allgemeinen Geschichte beispielsweise Ranke, Droysen und Mommsen, in der Schulgeschichte Paulsen nach wie vor ihr Publikum. Aber gerade die anhaltende Beliebtheit der Historiker des vergangenen Jahrhunderts legt die Frage nahe, warum wir die Geschichte nicht mehr in einer den Signaturen unserer Zeit entsprechenden Form erzählen.

Ich nenne für diese Schwierigkeit vier Gründe, die ich unter dem Aspekt von Geschichtsschreibung überhaupt und dem einer pädagogischen Geschichtsschreibung im besonderen erläutere: Identifikation/Narrativität/Komplexität/Deutungskategorien.

(1) *Identifikation:* Es gibt eine spezifische Schwierigkeit für die deutsche Geschichtsschreibung, weil das ehedem Selbstverständliche, die Identifikation mit dem Erbe der Väter, den Deutschen problematisch geworden ist. Einerseits hat die Herrschaft des Nationalsozialismus die moralische Integrität der nationalen Überlieferung tief beschädigt, andererseits erschwert es die als Kriegsfolge eingetretene Spaltung in zwei deutsche Staaten, den Standort der Betroffenheit unbefangen einzunehmen. Ich sehe in diesem Sachverhalt den Grund dafür, daß Heimpel zwar noch die Gesichtspunkte für eine nach der faschistischen Katastrophe zu schreibende deutsche Geschichte entwickeln konnte, diese Geschichte aber nur in einzelnen Bildern illustrierte und nicht als durchlaufenden Zusammenhang erzählte. In der pädagogischen Geschichtsschreibung ist diese Schwierigkeit exemplarisch an der Behandlung von pädagogischen Theorien und erzieherischer Praxis während des Dritten Reiches abzulesen. Die in der Bundesrepublik seit 1950 erschienenen Pädagogikgeschichten schweigen entweder über die NS-Zeit oder aber sie dämonisieren und isolieren die NS-Pädagogik als ei-

ne Un-Pädagogik, die keinen Zusammenhang zu dem, was vorausgegangen war, aufweist, und auch gegenüber dem Nachfolgenden stumm bleibt, es sei denn, daß im Sinne des Totalitarismustheorems Vergleiche zur DDR gezogen werden. Die in der DDR erschienenen Geschichten der Pädagogik hingegen behandeln die NS-Pädagogik aus einem negativ bewerteten Kontinuum von Kapitalismus und Militarismus, welches geradezu in die Bundesrepublik (und damit in den Antikommunismus) hineinführt, während für die DDR-Pädagogik im Sinne des »nationalen Erbes« eine Traditionslinie zur fortschrittlichen und humanistischen bürgerlichen Pädagogik rekonstruiert wird. Diese Feststellung besagt nicht, daß es keine gründlichen, wissenschaftlich vertretbaren und interessanten Detail-Untersuchungen zur NS-Pädagogik gäbe. Das Gegenteil ist der Fall. Aber der Ertrag dieser Arbeiten ist nur unzureichend in die pädagogische Geschichtsschreibung als Darstellung des Gesamtzusammenhanges eingegangen. Dieser Mangel wird fortbestehen, solange der Historiker unschlüssig ist, ob er von einem geschichtlich postulierten, faktisch aber rein fiktiven »gesamtdeutschen« Standpunkt aus zu erzählen habe oder ob er die Bundesrepublik als den Bezugspunkt seiner Betroffenheit eingestehen dürfe und solle. Ist die Bundesrepublik als die Gegenwart, von der aus und auf die hin die deutsche Geschichte erzählt wird, angenommen, so könnte das letzte Kapitel einer Pädagogikgeschichte »von Weimar nach Bonn« überschrieben sein, schulgeschichtlich konkretisiert etwa »vom Weimarer Schulkompromiß bis zum Strukturplan des Deutschen Bildungsrates« (Blankertz 1982, S. 231 ff).

(2) *Narrativität:* Die zweite Schwierigkeit ist nicht auf die deutsche Geschichtsschreibung beschränkt, sondern hängt mit den internationalen Tendenzen der Wissenschaftsentwicklung zusammen. Frühere Historiker haben den Zusammenhang der Ereignisse, von denen sie berichteten, im we-

sentlichen im Rückgriff auf ihre allgemeine menschliche Umgangserfahrung erklärt. Nur wenige Bereiche erforderten einen speziellen fachwissenschaftlichen Sachverstand, so etwa einen juristischen für die Verfassungsgeschichte oder einen ökonomischen für die Wirtschaftsgeschichte. Aber daraus folgte keine Einschränkung des erzählenden Prinzips. Denn einerseits waren diese Bereiche verhältnismäßig leicht als subsidiäre Nebenlinien vom Hauptstrang der erzählenden Geschichte abzutrennen, andererseits konnten deren Resultate, weil nach dem gleichen Prinzip gewonnen, übernommen, als Beglaubigung oder Korrektur des Behaupteten eingefügt werden. Ganz andere Folgen aber stellen sich ein, wenn die geschichtlichen Ereignisse aufgrund der in den sozialen Systemen und in der menschlichen Interaktion enthaltenen Gesetzmäßigkeiten gedeutet und somit auch theoretisch erklärt werden können. Mit dem Geheimnis des Einmaligen in der Geschichte ist es dahin. Der Historiker muß ein versierter Sozialwissenschaftler sein, will er sich nicht mit Naivitäten lächerlich machen. Indessen erdrückt ein Übermaß theoretisch erklärender, nomologischer Elemente die Erzählung, die das Bedeutsame gerade aus der Unwiederholbarkeit, aus der Nicht-Ableitbarkeit schöpft. Deshalb lassen die sozialwissenschaftlichen Erklärungsangebote das Erzählen so schwierig werden. Aber erzählte Geschichte hört, wie Hermann Lübbe einmal gesagt hat, nicht deshalb auf, erzählte Geschichte zu sein, weil sie theoretische Elemente enthält (Lübbe 1973, S. 550). Diese Einsicht gilt ohne Einschränkung ebenso für eine Pädagogikgeschichte. Paulsen konnte die Geschichte des Bildungswesens auch darum so flüssig erzählen, weil er von gesetzmäßigen Beziehungen zwischen Sozialstruktur und Schulsystem nur wenig wußte. Zwar war Paulsen die Rede von »Gesetzen« nicht fremd. Er selbst formulierte ein »Gesetz«, welches dann unter seinem Namen in die Schulgeschichte eingegangen ist, nämlich daß die Schule keine eigene Entwicklung habe, daß sie der Kulturentwicklung nachfolge mit einem Abstand von etwa einem Menschenalter – werde der Abstand größer, so ertöne der Ruf nach Reformen: Anpassung veralteter Formen und Inhalte der Erziehung an eine veränderte Wirklichkeit (Paulsen 1906, Vorwort). Aber dieses »Paulsensche Gesetz« war nichts anderes als eine Plausibilitätserwägung; es hatte nichts von einer nomologischen Hypothese an sich. Dementsprechend unberührt blieb die Geltung der von Paulsens erzählten Schulgeschichte auch dann, wenn Ausnahmen vom Gesetz, etwa in Gestalt des erzieherischen Vorgriffs auf das Kommende, nachgewiesen wurden. Historische Schulforschungen mit voll angewandtem sozialwissenschaftlichen Instrumentarium – etwa in der Art, wie sie D. K. Müller betreibt – vertragen keine Einschränkungen bzw. nur solche, die ihrerseits aufgrund nomologischer Hypothesen gewonnen sind und als die beweiskräftigeren erscheinen. Verwendet der Schulgeschichtsschreiber die Ergebnisse nomologisch orientierter Forschung für seine Erzählung partiell und ohne dabei die Narrativität des Ganzen aufzuheben, so behandelt er die Quellen seiner Kenntnis systemwidrig; ignoriert er sie, so verfehlt er den Stand der Forschung und ist antiquiert; verläßt er sich aber allein auf diese Resultate, so bekommt er keine Erzählung zustande, sondern nur einen Forschungsbericht.

(3) *Komplexität:* Das Problem wird aber noch schwieriger, wenn erzählte Geschichte nicht auf die Schule beschränkt bleibt, sondern auf den Gesamtzusammenhang der Pädagogik ausgedehnt wird. Denn die sozialwissenschaftlich instrumentierte Schulgeschichtsforschung gewinnt ihre methodologische Stärke durch eine Reduktion der Betrachtung auf die sozialschichtspezifische Inanspruchnahme von Bildungswegen, auf die gesellschaftlich bedingten Rekrutierungsmechanismen für Bildungswege und auf das sozialtechnologische Krisenmanagement der Kultusverwaltungen. Darin ist, zumindest implizit, eine Ideologiekritik an wichtigen Be-

standteilen der in der jeweiligen Zeit vorherrschend gewesenen erziehungstheoretischen und schulpädagogischen Kontroversen enthalten. In einer erzählten Geschichte der Pädagogik können diese Kontroversen aber nicht nur ideologiekritisch behandelt, sondern müssen auch in ihrem Eigenanspruch ernstgenommen werden. Daraus folgt nicht, eine Geschichte der Pädagogik, die die im europäischen Traditionszusammenhang herausgearbeitete und von Rousseau auf den Begriff gebrachte Eigenstruktur der Erziehung festhalten und betonen will, müsse sich blind machen gegenüber der Funktion des Bildungswesens als Verteilungsschlüssel von Berufs- und Lebenschancen, aber sie darf sich auch nicht auf den Horizont einer Soziologie der Erziehung reduzieren lassen. Nicht die wissenschaftstheoretische Auseinandersetzung zwischen Geschichtswissenschaft und Soziologie bzw. die zwischen den verschiedenen Auffassungen über eine Wissenschaft von der Erziehung nimmt der pädagogischen Geschichtsschreibung den Atem, wohl aber der faktische Einbruch der sozialwissenschaftlichen Methode in die historische Forschung. Hatte Schwarz 1813 resigniert, eine Geschichte der Pädagogik im umfassenden Sinne des Wortes zu schreiben, weil er *zu wenig* wußte, so resultiert die heutige Lähmung für die Erzählung aus mangelnder Gestaltungskraft angesichts der *Fülle* des historischen Wissens.

(4) *Deutungskategorien:* Die Möglichkeit, Geschichte der Pädagogik zu erzählen, ist offensichtlich abhängig von der Überwindung der Hemmschwellen, die von mir schlagwortartig mit Identifikation, Narrativität und Komplexität bezeichnet wurden. Keine der drei Schwellen scheint unüberwindlich, alle drei verweisen auf die die Erzählung strukturierenden und ihr die überlegene Kraft der Entschlüsselung des Vergangenen verleihenden Deutungskategorien. Gibt unsere Zeit solche Kategorien frei? Ich bin meiner Antwort nicht ganz sicher. Wenn ich sie auf den Zeitraum von der Aufklärung bis zur Gegenwart begrenzen darf, versuche

ich es mit »Institutionalisierung«, »Verwissenschaftlichung« und »Sinnkrise«.

Die Kategorie der Institutionalisierung thematisiert die Entstehungsgeschichte des umfassenden Systems öffentlicher Bildungseinrichtungen, welches die Jugend in einem vom Erwachsenenleben relativ abgetrennten »Schonraum« auf eben dieses Leben vorbereiten soll. Die Trennung von Erziehung und Leben der Erwachsenen wurde bewirkt durch die technisch-wissenschaftliche Zivilisation, die seit dem Zeitalter der Aufklärung einen die Welt von Grund auf verändernden Siegeszug antrat. Aber zu dem Zeitpunkt, da die Institutionalisierung der Erziehung bis an die Schwelle des Berufseintritts für alle Jugendlichen lückenlos durchgesetzt ist, hat die technische Entwicklung das Bildungswesen eingeholt. Das Bildungswesen produziert Anomien, die seine pädagogische Qualität beschädigen, radikale Schulkritik und naive Anti-Pädagogik auf den Plan rufen. Die Institutionalisierung war für die Pädagogik zugleich der Weg ihrer Verwissenschaftlichung und verweist damit auf eine zweite Deutungskategorie. Das Interesse an technisch verwertbaren Handlungsanweisungen für die gesellschaftliche Funktionalisierung von Erziehung, Schule und Berufsausbildung trieb den Szientismus an. Mit einem Seitenblick auf die Nachbardisziplinen hat die Pädagogik inhaltlich ihre Wandlung von einer Geisteswissenschaft zu einer Sozialwissenschaft und methodologisch von einer interpretierenden zu einer konstruierenden Disziplin befördert. Dabei hielt die Geschichte der Pädagogik potentiell gegenwärtig, was sich für die aufklärerisch begründete Wissenschaft in anderen Arbeitsfeldern längst als Tatbestand erwiesen hatte: In technologischer Entfaltung tendiert Wissenschaft dazu, das eigene Motiv zu verlieren. Das aber ist Ausdruck einer Sinnkrise und konstituiert damit eine dritte Deutungskategorie. Motiv und Thema der Pädagogik ist die Erziehung, die den Menschen im Zustand von Unmündigkeit antrifft. Erziehung muß diesen

Zustand verändern, aber gewiß nicht beliebig, sondern orientiert an einer unbedingten Zwecksetzung, an der Mündigkeit des Menschen. Die Geschichte der europäischen Pädagogik läßt sich deuten als ein Ringen um diesen Maßstab. In diesem Ringen rekonstruiert sie die Erziehung als den Prozeß der Emanzipation, d. h. der Befreiung des Menschen zu sich selbst. Das Ganze der Pädagogik enthält insofern einen szientistisch nicht einzuholenden Sinn. Dieser Sinn ist eine in der europäischen Bildungstradition aufgehobene Realität. Darum darf die Pädagogik trotz des durch ihre Geschichte herausgearbeiteten und nicht mehr zurückzunehmenden szientistischen Votums für die Wissenschaft der technischen Zivilisation nicht im Szientismus aufgehen, ist vielmehr um ihrer kritischen Funktion willen auch an die Überlieferung von Philosophie und Umgangsweisheit rückgebunden.

Diese postulative Feststellung bleibt notwendig abstrakt. Vergegenwärtigen läßt sie sich nur in der Erzählung. Erzählte Geschichte der Pädagogik und Sinnkrise der Erziehung sind in umgekehrt proportionaler Stärke aufeinander bezogen.

Literatur

Blankertz, H.: *Die Geschichte der Pädagogik von der Aufklärung bis zur Gegenwart,* Wetzlar ²1982

Faber, K.-G.: *Theorie der Geschichtswissenschaft,* München ⁴1978

Gadamer, H.-G.: *Wahrheit und Methode. Grundzüge einer philosophischen Hermeneutik,* Tübingen 1960

Heimpel, H.: *Entwurf einer Deutschen Geschichte,* in: Heimpel, H.: *Der Mensch in seiner Gegenwart,* Göttingen 1954, S. 162–195

Herrlitz, H.-G. / Titze, H.: *Überfüllung als bildungspolitische Strategie. Zur administrativen Steuerung der Lehrerarbeitslosigkeit in Preußen 1870–1914,* in: Herrmann, U. (Hrsg.): *Schule und Gesellschaft im 19. Jahrhundert,* Weinheim 1977, S. 348–370

Herrlitz, H.-G. / Hopf, W. / Titze, H.: *Deutsche Schulgeschichte von 1800 bis zur Gegenwart,* Königstein 1981

Kocka, J. / Nipperdey, T. (Hrsg.): *Theorie und Erzählung in der Geschichte* (= Theorie der Geschichte. Beiträge zur Historik, Bd. 3), München 1979

Lübbe, H.: *Was heißt: »Das kann man nur historisch erklären«,* in: Kossellek, R. / Stempel, W.-D. (Hrsg.): *Geschichte – Ereignis und Erzählung* (= Poetik und Hermeneutik, Bd. V), München 1973

Müller, D. K.: *Sozialstruktur und Schulsystem. Aspekte zum Strukturwandel des Schulwesens im 19. Jahrhundert,* Göttingen 1977 (a)

Müller, D. K: *Sozialstruktur und Schulsystem. Forschungsbericht über eine mehrdimensionale Analyse des Schulwesens im 19. Jahrhundert,* in: Herrmann, U. (Hrsg.): *Schule und Gesellschaft im 19. Jahrhundert,* Weinheim 1977 (b), S. 384–408

Nietzsche, F.: *Vom Nutzen und Nachteil der Historie für das Leben (1874),* in: *Kritische Studienausgabe,* hrsg. von G. Colli und M. Montinari, Bd. 1, Berlin 1980, S. 243–334

Paulsen, F.: *Geschichte des gelehrten Unterrichts auf den deutschen Schulen und Universitäten vom Ausgang des Mittelalters bis zur Gegenwart 1885* (Neudruck der 3. Aufl. von 1919: Berlin 1965)

Paulsen, F.: *Das deutsche Bildungswesen in seiner geschichtlichen Entwicklung 1906* (Neudruck der 3. Aufl. von 1919: Darmstadt 1966)

Schwarz, F. H. Ch.: *Geschichte der Erziehung* (= Erziehungslehre, Bd. 4), Leipzig 1813

Weniger, E.: *Zur Geistesgeschichte und Soziologie der pädagogischen*

Fragestellung (1936), in: Weniger, E.: *Ausgewählte Schriften zur Geisteswissenschaftlichen Pädagogik,* Weinheim 1975, S. 107–123

Handlungsrelevanz pädagogischer Theorie

Selbstkritik und Perspektive der Erziehungswissenschaft am Ausgang der Bildungsreform

In der Schülerzeitung eines Münsteraner Gymnasiums lese ich die Aufforderung an einen Deutschlehrer, die Lehrerrolle zu akzeptieren:

> *»Sie scheinen diese Rolle langsam verdrängen, abwälzen zu wollen. Sie wollen nicht Lehrer sein, sondern Medium, Berater oder so. Weil die Schule ein Ort ist, an dem organisiertes Lehren geschehen sollte, aber durch die Institution selber verhindert wird, wollen sie die Lehrerrolle abstreifen. Sie setzen statt dessen auf round-table, Kommunikation, Gruppendynamik. Aber das ist eine falsche Konsequenz, durch die Sie sich oft genug gezwungen sehen, in der Rolle des alten autoritären Unterrichtsbeamten Zuflucht zu suchen. Wirklichen Widerstand gegen einen Lehrer und Schüler gleichermaßen beleidigende Funktion leistet der Lehrer, der sich nicht verdrießen läßt und versucht, wirklich zu lehren ... Lehren aber kann man nicht, weil es im Lehrplan steht, weil ihr das und das dann im Leben braucht, weil es zur Allgemeinbildung gehört. Man kann nur lehren, was einem selber wichtig ist ... Mut also zum Lehren und auch zur persönlichen, nicht durch Machtmittel erzwungenen Autorität.«*
>
> (*Neue Viehzucht* 1974, S. 10)

Wer diesen Textauszug liest, kann auch ohne detaillierte Nachprüfung heraushören, daß es sich bei dem Adressaten nicht etwa um einen wenig interessierten, phantasiearmen, bequemen oder unfähigen Lehrer handelt, sondern im Gegenteil um einen fleißigen Kollegen, der sich an moderner Unterrichtsforschung, Didaktik, Lernpsychologie und Kommunikationstheorie orientiert, der sich sehr wahrscheinlich zu Erziehungszielen wie Demokratie und Partizipation aufgeschlossen verhält, dies alles aber in Erwartung einer technisch handhabbaren Hilfe. Denn die Konflikte, in die sich ältere, weniger flexible Lehrer versetzt sehen, sollen vermieden werden nicht durch Intuition oder Glück, sondern systematisch durch Anwendung *der* Mittel, die die Wissenschaft zur Unterrichtssteuerung anbietet. Die inhaltlichen Antagonismen, in die die im Sprach- und Literaturunterricht verhandelte Sache führt, werden an die Schüler zurückgegeben. Der Lehrer verbleibt in der neutralen, dem Streit entzogenen Rolle des Diskussionsleiters. Nun führt aber gerade dieses zum Konflikt.

Unzulängliche Wissenschaft, unzulängliche Anwendung der Wissenschaft oder falsche Auffassung von der möglichen Handlungsrelevanz der Wissenschaft? Und was ist diese Handlungsrelevanz? Ist es praktische Wirkung im Sinne von Verwertung, ist es theoretische Stärke als Sicherheit des Handelnden, ist es politischer Einfluß über Beratung oder Lobbyismus? Angesichts des Beispiels, mit dem ich begann, mögen diese Interpretationsangebote als zu breit erscheinen. Denn das Handlungsfeld des vom Schüleraufruf angesprochenen Deutschlehrers war nur der Unterricht im engeren Sinne. Indessen trifft das dem Lehrer unterstellte instrumentalistische Verständnis von Wissenschaft in sehr ähnlicher Weise auch die Erwartungen reformfreudiger Bildungspolitiker, wie es sie ja vor nicht allzulanger Zeit gab. Weitreichende, aber vage formulierte Ziele werden aufgestellt, für die Konkretisierung die Wissenschaft befragt, aber die Durchsetzung kann nur soweit gehen, wie einerseits eine volle administrative Kontrolle des Prozesses möglich ist, andererseits die inhaltliche Verantwortung im Konfliktfall sehr klein bleibt. Demzufolge werden Reformvorhaben nur bis zu dem Punkt realisiert, an dem ein Konflikt politisch offensiv ausgetragen werden müßte. Da Politiker und Administrationen das aber vermeiden wollen, muß die Wissenschaft als Konfliktvermeidungsinstrument bemüht werden – kann sie das nicht leisten, so hat sie versagt. Das Ergebnis ist eine doppelt mißliche Lage: Diejenigen, die sich für das Vorhaben engagiert hatten, fühlen sich durch den Rückzug der Verantwortlichen verprellt, der Gegner aber nimmt die ursprünglich exponierte Absicht noch als böse Tat und kann überdies den zurückgebliebenen Reformtorso verhöhnen.

Die Auswirkungen des Dilemmas lassen sich in fast allen von Reformansätzen berührten Institutionen nachweisen. Ich nenne als Beispiel die KMK-Reform der gymnasialen Oberstufe von 1972. Diese Reform hatte als Motiv die Wiederherstellung der vollen Funktionsfähigkeit der traditionellen Ziele von »Wissenschaftspropädeutik« und »gelehrter Bildung« unter veränderten objektiven Bedingungen. Eine Fülle von Forschungsarbeiten, Schulversuchen und Reformvorschlägen legten nahe, wie das Oberstufencurriculum modernisiert, wie die überwiegend durch den außersachlichen Druck des Berechtigungswesens gestützte Lernmotivation wieder in eine sachliche Haltung überführt, wie Leistungsfähigkeit und Bildungsertrag erhöht werden könnten. Die von der KMK vereinbarte Lösung hieß: Preisgabe des ohnehin in zahlreichen Oberstufentypen aufgelösten Gymnasialkanons; Vermehrung der von der Schule angebotenen Fächer; Konzentration des Schülers auf nur wenige Fächer, die zu einem ihm jeweils angemessenen Schwerpunkt zusammenzustellen waren (KMK 1972; Sebbel 1976). Soweit hielt sich die Reform in Übereinstimmung mit den meisten der vorausgegangenen wissenschaftlichen Ratschläge (Deutscher Bildungsrat 1969; 1970). Für die Durchführung war jedoch etwas anderes entscheidend. Einerseits wurde ein kompliziertes, die innerschulische Bürokratie um ein Vielfaches erweiterndes System administrativer Kontrolle der Schülerentscheidungen aufgebaut, andererseits wurden inhaltliche Aussagen zu den alternativ möglichen Lernschwerpunkten vermieden. Die individuellen Präferenzen der Schüler, über die diese Schwerpunktbildung sich selber steuern sollte, deformierten sich sofort zu strategischen Überlegungen im Kampf um Notendurchschnitte. Obschon diese Deformation durch Numerus clausus und Normenbücher bewirkt wurde (Flitner 1976; Flitner/Lenzen 1977), erschließt sich einer genaueren Analyse doch ein tieferer Mangel, der der Durchführung des Modells auch unabhängig vom Numerus-clausus-Druck anhaftet, nämlich Einzelfächer zu isolieren, für den Zusammenhang des Lernens, also für die Komposition bestimmter Fächer und Kurse zu Bildungsgängen der einzelnen Schüler aber nur adminstrativ handhabbare Formalismen zu setzen, keine Haftung für Sinn und Struktur des Curriculums zu übernehmen (Schmitz 1977). Damit entzog sich die gymnasiale Oberstufe eines Teils ihrer pädagogischen Verantwortung als Schule. Denn sie wälzte die schwieriger gewordene inhaltliche Legitimation von Bildungsgängen auf den Schüler ab (zur positiven Alternative vgl. Blankertz/Brockmeyer 1978), in dem gleichen Sinn, wie sich der im zitierten Schüleraufruf gemeinte Deutschlehrer durch sozialpsychologisch geschicktes Verhalten den inhaltlichen Kontroversen über Sprache und Literatur zu entziehen suchte. Aber genauso wie dort, so verfehlte und verfehlt auch hier das Verfahren den beabsichtigten Zweck: Die positiven Möglichkeiten der Oberstufenreform können gerade deshalb nur beschränkt zur Wirkung kommen, weil ihre inhaltlich-pädagogische Substanz von der Schule nicht vertreten wird und nach Lage der administrativen Rahmenbedingungen auch kaum vertreten werden kann. Legitimationstheoretisch formuliert heißt das: Der notwendige Prozeß der Einigung über das pädagogisch Angemessene wurde durch ein Modell der Verfahrenslegitimation ersetzt.

Nun erinnere ich daran nicht, um die Rolle der Verwaltung beim Mißlingen von Bildungsreformen zu thematisieren. So wichtig auch dieser Aspekt ist, so machten wir es uns doch zu einfach, uns mit Bürokratieschelte aus der Affäre zu ziehen. Wenn es richtig ist, Pädagogik eine praktische Wissenschaft zu nennen, dann wird sie ihre Handlungsrelevanz zu messen haben auch daran, was sie dazu beiträgt, versäumt oder gar verhindert, daß Lehrer den Mut haben zu lehren; daß Schulen sich den Mut nehmen, Haftung zu übernehmen für den Gesamtzusammenhang des Lernens; daß Bildungspolitiker den Mut haben, nicht nur Ziele zu nennen, sondern sie auch durchzusetzen und für die Folgen einzutreten.

Ich sage das nicht, weil es im Januar dieses Jahres das Bonner Forum »Mut zur Erziehung« (Lübbe 1978) gab, sondern ich bleibe trotz der fatalen Assoziation bei meiner Formulierung. Denn die gegenaufklärerische Herausforderung darf uns weder einschüchtern noch in das Paradigma unfruchtbarer Freund-Feind-Polemik zwingen. Verdrehungen, Unterstellungen, Halbwahrheiten, die dort neben hörenswerten Mahnungen an die Erziehungswissenschaft zu Worte kamen, werden angemessen beantwortet, indem wir die Situation der Erziehungswissenschaft am Ende einer stürmischen Entwicklung zu Bewußtsein bringen – nicht in agitatorischer, sondern in der der Wissenschaft zukommenden Form von Distanz und Unterscheidung. 1968 erschien die Weniger-Gedenkschrift mit dem Titel: »Geisteswissenschaftliche Pädagogik am Ausgang ihrer Epoche« (Dahmer/Klafki 1968). Heute, ein Jahrzehnt später, ist abermals Epochenausgang zu konstatieren, nicht freilich so sehr bezogen auf eine betimmte wissenschaftstheoretisch, methodologisch oder in ihrer gesellschaftspolitischen Option definierte Schulrichtung der Pädagogik, sondern bezogen auf unsere Disziplin insgesamt. Wahrnehmbar ist das in einem Komplex von drei eng miteinander verknüpften Sachverhalten:

– dem Ende der öffentlichen Emphase für die Bildungsreform,
– dem Ende der Expansion der Erziehungswissenschaft und
– dem Ende des Vorschußkredits auf die zu erwartende Relevanz der Erziehungswissenschaft für pädagogisches und bildungspolitisches Handeln. – Diese drei Sachverhalte bedürfen einer kurzen Erläuterung.

(1) Die hinter uns liegende Phase bundesdeutscher Bildungspolitik gilt rekonstruktiv als eine euphorische: Vision einer demokratischen Bildungsreform von der Vorschulerziehung bis zur Gesamthochschule. Die für die Sache dieser Reform aufgebotene Bildungsforschung und Politikberatung waren gewiß nicht *allein*, zu Beginn nicht einmal *primär* von der Erziehungswissenschaft bestimmt. Aber keine andere Sozial- oder Humanwissenschaft hat die Bildungsreform in dem Maß zu ihrem Thema gemacht wie unsere Disziplin und dabei zugleich eine Umschrift ihrer eigenen Methologie vollzogen. Der Umschlag von der Reformeuphorie in die Reformresignation führte daher fast zwangsläufig zu Irritationen. Sie drücken sich aus in der betroffenen Feststellung, daß die früheren Bemühungen eines größeren politisch-pädagogisch interessierten Publikums, Figuren erziehungswissenschaftlicher Argumentation zu dechiffrieren, einer feindseligen Ablehnung des Fachjargons Platz gemacht habe (Flitner 1977b). Sie kulminieren in der Aufforderung, die Potemkinschen Dörfer der Reform lieber mit Benzin zu übergießen und anzustecken, als die Politiker zu erneutem Reformhalali zu ermuntern.

(2) Indessen ist die Erziehungswissenschaft nicht allein vom Ende der Reformeuphorie irritiert, sondern mehr noch vom Ende der eigenen Expansion. Die Expansion hing freilich mit der von der Bildungsreform erzeugten Nachfrage nach pädagogischem Sachverstand ursächlich zusammen. Und darum konnte die Expansion auch nicht nur eine quantitative sein, so wie es sie auch in manchen anderen Diszipli-

nen mit dem Anstieg der Studentenzahlen gegeben hat. Die Einführung erziehungswissenschaftlicher Hauptfachstudien und die Tendenz, für alle pädagogischen Berufe erziehungswissenschaftliche Grund- und Spezialstudien vorzusehen, kurz das, was wir Professionalisierung nennen, hat mit der Expansion zugleich eine strukturell-qualitative Änderung der akademischen Funktion der Erziehungswissenschaft bewirkt, die Transformation von einer philosophisch-historischen Reflexionswissenschaft in eine handlungsleitende Berufswissenschaft. Am gegenwärtig vorläufigen Ende der Expansion erscheint vielen auch diese Entwicklung problematisch. Ablesbar ist das an der Feststellung, die Erziehungswissenschaft sei den Lehrern und Erzieherberufen gerade in dem Augenblick, da sie ihnen institutionell so nahe gerückt ist wie nie zuvor, in Sprache, Fragestellung und Aussage fast völlig entfremdet (Flitner 1977a, S. 7). Ja mehr noch, die so lange erstrebte Professionalisierung erweise sich überhaupt als Irrweg: Die mit ihr verbundene Spezialisierung der Wissenschaft zerstückle den ganzheitlichen Erziehungsvorgang in eine Fülle von Sonderqualifikationen und wiederhole damit genau die Fehler, die die Medizin schon alle leidvoll und unumkehrbar hinter sich habe (Hentig 1977, S. 208).

(3) Von dieser Rückfrage nach Nutzen und Nachteil der Professionalisierung ist ein Problem überhaupt nicht zu trennen: das methodologische. Tatsächlich sind die angedeuteten Irritationen im Kontext von Reform- und Expansionsende noch einmal gespiegelt im Selbstverständnis unserer Disziplin. Die durch die Reformperspektiven erzeugte Nachfrage nach pädagogischem Sachverstand und die daraus folgende Expansion der Erziehungswissenschaft waren nur möglich in der Erwartung einer Handlungsrelevanz, die die von der Erziehungswissenschaft bisher erbrachten Leistungen erheblich überstieg. Denn das bis zu diesem Zeitpunkt überwiegend maßgeblich gewesene geisteswissenschaftliche Verständnis pädagogischer Theorie war ein gegenüber der Praxis

nachgängiges. Den in der Erziehungswirklichkeit aus eigenem Recht und eigener Kraft wirksamen Impulsen hatte die Wissenschaft im Nachhinein den übergreifenden Zusammenhang zu stiften und eben damit auch Relevanz für Fortschritt und Bewährung von Praxis zu erlangen. Die in solchen Verfahren angewandte Hermeneutik konnte zum Konsens divergierender Interessen an der Erziehung beitragen, nicht aber zum konstruktiven Vorentwurf des wissenschaftlich verbürgt Besseren nebst regreßfähiger Anweisung, wie eben dieses zu erlangen sei. Letzteres aber war die öffentliche Erwartung, auf die die Erziehungswissenschaft einen Vorschußkredit entgegennahm und in die eigene Expansion investierte. Denn das zu Beginn der sechziger Jahre einsetzende gesellschaftliche Interesse an bildungspolitischen Planungsstrategien war gerade nicht durch eine kraftvolle Bewegung in der pädagogischen Praxis, sondern vorwiegend szientistisch vermittelt durch volkswirtschaftliche Wachstumstheorie in Gestalt der Bildungsökonomie; durch Soziologie, Psychoanalyse und Linguistik in Gestalt von Sozialisationsforschung; durch Psychologie, Humangenetik und Kybernetik in Gestalt von Lern- und Verhaltenstheorien.

Die methologische Umschrift der Pädagogik von einer Geistes- in eine Sozialwissenschaft, durch die sie in den Stand gesetzt werden sollte, ihre Rolle im Reformprozeß anzunehmen, wurde exemplarisch ausgedrückt durch die von Heinrich Roth (1962; 1976) eingeleitete »realistische Wendung«, die zugleich auch den Anschluß an die internationale Diskussion bedeutete. Aber dieser Umsetzungsprozeß verlief für die Erziehungswissenschaft nicht so wie vordem bei anderen Human- und Sozialwissenschaften, weil genau in dem Augenblick, da die Pädagogik die lange verdrängte Auseinandersetzung mit dem empirisch-analytischen Wissenschaftsverständnis der Nachbardisziplinen aufnahm, in den Sozialwissenschaften selbst Positivismusstreit (Adorno 1969) und Technokratiediskussion (Koch/Senghaas 1970) entbrannt waren. Unter deren Gesichtspunkten schien der Weg zu einer Technologie der Erziehung schon suspekt, bevor überhaupt etwas Nennenswertes auf diesem Wege vorlag. Denn wenn die gesuchte konstruktiv-vorgängige Leistung der Theorie tatsächlich darin bestünde, die Praxis zu einem bloßen Anwendungsfall zu machen, wenn Praxis also nur als Widerstand oder Unzulänglichkeit gegenüber der Theorie wahrzunehmen wäre, dann mußten die älteren philosophisch-historischen Konzepte dem Sachgehalt der Erziehung doch als angemessener gelten. Deshalb nahm die Pädagogik in vielfältigen Abstufungen Positionen der gesellschaftstheoretisch angeleiteten Ideologie- und Wissenschaftskritik auf (Heydorn 1970; Klafki 1971; Mollenhauer 1972) und richtete sie gegen eine positivistische Erziehungswissenschaft, die es im wesentlichen nur als Programmatik (Brezinka 1971), als Versprechen auf bisher unerreichte Wirksamkeit (in extremer Version durch die Kybernetik: Frank 1969; Cube 1968) oder als Drohung gegen alle als Wissenschaft drapierte Erziehungsmetaphysik (Brezinka 1966; 1967), nicht aber als entfaltete sozialtechnologische Disziplin gab. Die Ideologiekritik auf die gerade erst beginnende erfahrungswissenschaftliche Orientierung der eigenen Disziplin zu beziehen, war der Erziehungswissenschaft um so mehr nahegelegt, je stärker der marxistische Einfluß in der Kritik wurde (Koneffke 1969; Huisken 1972; Beck 1974). Denn von hier aus erschien das positivistische Modell als Ausdruck »bürgerlicher Wissenschaft« par excellence, mithin als Position unter Ideologieverdacht und damit entscheidend geschwächt in der Funktion, der traditionellen Pädagogik das Prinzip der Wissenschaftlichkeit zu erläutern.

Aber gerade diese Konstellation einer »wissenschaftstheoretischen Kontroverse ohne Wissenschaft« förderte ein vorwiegend technisches Verständnis der Leistungsfähigkeit pädagogischer Theorie selbst dort, wo ein betont antipositivistisches Konzept maßgeblich schien. Marxistische Positionen stärkten zunächst einmal die Positivismuskritik, ja sie haben sie vermöge der überlegenen Kraft ihre gesamtgesellschaftlichen Analyse, innerhalb derer die Rolle von Wissenschaft wie Erziehung kategorial bestimmbar werden, in der Substanz überhaupt erst ermöglicht. Bei diesem Befund kann eine marxistisch angeleitete Pädagogik indessen nicht einhalten. Erziehung ist nicht allein als Exekutivorgan gesellschaftlicher Interessen kritisch zu beschreiben, vielmehr tendiert der Ansatz auch zu einer konstruktiven Wende. In dieser Wendung aber bleibt der analytisch beschriebene Exekutivcharakter der Erziehung weithin erhalten: Damit schlägt Ideologiekritik in genau die Sozialtechnologie um, die am positivistischen Ansatz kritisiert wurde. Die viel beschworene Einheit von Theorie und Praxis verlangt dann den Preis einer antipädagogischen Mediatisierung der Jugend für nicht mehr problematisierbare Ziele. Natürlich haben positivistisches und marxistisches Interesse nicht in ihren konzeptionell durchstrukturierten Entwürfen in diese übereinstimmende Richtung gewirkt, sondern in den viel verbreiteteren, partiellen Übernahmen und eklektizistischen Modeströmungen. In dieser Hinsicht freilich ist das Ergebnis nur vom Zusammenwirken beider Herausforderungen – der positivistischen wie der marxistischen – zu erklären, daß nämlich eine im eigenen Anspruch eher zurückhaltende, akademisch wie politisch wenig selbstbewußte Disziplin im Verlauf von eineinhalb Jahrzehnten eine überdimensionale Erwartung, wenn nicht selbst erzeugt, so jedenfalls ihr nicht widersprochen hat. Der der Erziehungswissenschaft angetragene Vorschußkredit auf technisch verwertbare Handlungsanweisungen zur vollen gesellschaftlichen Funktionalisierung von Erziehung, Schule und Bildungswesen aber ist heute erschöpft. Weder sind die Versprechungen auf Effizienzsteigerung und Steuerungsmöglichkeiten einer technologischen Erziehungswissenschaft noch die gesellschaftsverändernden Perspektiven einer verwissenschaftlichten Erziehung eingelöst. Und von daher muß die Frage lauten, ob die allenthalben gegebene, den wissenschaftsfeindlichen Tenor kaum verhehlende Auskunft richtig sein kann, nämlich daß die durch Wissenschaft nicht vermittelte erzieherische Erfahrung zu rehabilitieren (Hentig 1977) und zur Naivität einer Schule ohne gesellschaftlichen Auftrag zurückzukehren sei, weil erst dann, wenn die »Gesellschaft die Pädagogik sein lasse«, der »Lehrer den Schüler sein lassen« könne (Heitger 1977, S. 68).

Ich halte diese Auskünfte für falsch, wiewohl ihre Motive Teilwahrheiten enthalten. Aber selbst diese Teilwahrheiten sind nicht durch den Rückverweis auf theorielose Praxis als letzte Auskunft pädagogischer Theorie einzuholen. Denn die durch die technische Zivilisation bedingten Probleme verlangen unhintergehbar wissenschaftliche und rationale Mittel ihrer Meisterung. Darum muß zunächst einmal der Weg der Erziehungswissenschaft in den letzten zwei Jahrzehnten als im Prinzip richtig bestätigt werden: Es war richtig, nicht länger von den Widerständen und Zwängen, denen Erziehung und Unterricht im gesellschaftlichen Kontext ausgesetzt sind, zu abstrahieren, sondern gerade sie in den Mittelpunkt des Interesses zu stellen. Es war richtig, eine Wendung auf die politisch-gesellschaftliche Funktion der Erziehungswissenschaft zu vollziehen, die Professionalisierung zu betreiben (Thiersch 1977) und die dafür unerläßliche erfahrungswissenschaftliche Orientierung einzuleiten. Aber unter dem Druck der weitreichenden öffentlichen Inanspruchnahme, unter dem Druck der gewaltigen Expansion und unter dem Druck der gleichzeitigen, für unsere Disziplin ganz neuen doppelseitigen Konfrontationen mit der positivistischen und der marxistischen Wissenschaftstheorie ist dem sozialtechnologischen Verständnis von Erziehung nicht genügend widerstanden worden. Ich gebe dazu zwei überspitzte Erläuterungen, die um viele weitere ergänzt werden können. Die erste Erläuterung ist kennzeichnend für die erfahrungswissenschaftliche, die zweite für die ideologiekritische Wende der Erziehungswissenschaft: *Sozialisation* und *Emanzipation*.

Sozialisation: Die analytische Erforschung der Wirksamkeit sozialer Mechanismen, die sich unter Umgehung des Bewußtseins der pädagogisch Handelnden wie der darauf Reflektierenden durchsetzen und alle idealistischen Erziehungsvorhaben paralysieren, wurden kurzschlüssig umgesetzt zu einer Relativierung dessen, was die Tradition als Urphänomen der Erziehung und damit auch als irreduziblen Kern für eine Wissenschaft von der Erziehung betrachtet hatte: Familie, pädagogischer Bezug, Schicksalhaftigkeit und Irrationalität von Liebe, Opferbereitschaft, Gehorsam und Autorität (Bronfenbrenner 1974). Der kurzschlüssigen Wertrelativierung folgte die ebenso kurzschlüssige instrumentalistische Umdrehung des analytischen Befundes in eine Handlungsanweisung: Die mögliche sozialisierende und erzieherische Leistung einer zum Paradigma überhöhten Mittelschichtfamilie, wie es sie in der Wirklichkeit gar nicht gibt, schien für eine öffentlich organisierte Erziehung mühelos verfügbar, wenn nur Kleinkinderzieher und Lehrer mit dem sozialisationstheoretischen Qualifikationswissen ausgestattet seien. Die sozialschicht- und minoritätsspezifisch definierte defizitäre Wirklichkeit der familiären Erziehung schien also durch Verwissenschaftlichung korrigierbar, ergänzbar, egalisierbar. Reformkonzepte unterstellten eben dieses (Deutscher Bildungsrat 1968; 1973), obschon ungeklärt war und ist, welche handlungsleitende Funktion eigentlich die wissenschaftlich vermittelte Einsicht in Sozialisationsprozesse haben kann für die Interaktion der so Belehrten mit Kindern. Der neuerdings weitverbreitete Rückgriff der Sozialisationsforschung auf Piagets Theorie der kognitiven Entwicklung (Hornstein 1977) signalisiert ein Umdenken: Was der traditionellen Pädagogik und ihrer Theorie selbstverständlich war, nämlich der untechnische, kommunikative Charakter unseres Wissens über die Interaktion von Kindern und Erwachsenen muß erneut angeeignet und wissenschaftlich gesichert werden (Kossolapow 1975).

Emanzipation: Es gibt keinen Begriff, der von der Erziehungswissenschaft schneller aufgegriffen wurde als der der Emanzipation (Herrmann 1975). Mit ihm konnte zunächst einmal der überlieferte Bildungsbegriff neu interpretiert, mit den gesellschaftlichen Zielen der Bildungsreform vermittelt und gegen das positivistische Verdikt der Unwissenschaftlichkeit verteidigt werden. Wie gründlich der Begriff inzwischen verschlissen ist, bedarf keiner Erläuterung. Wohl aber gehört zum Thema, daß auch dieser Begriff, obschon dem antipositivistischen Arsenal entstammend, dennoch dem instrumentalistischen Gebrauch zum Opfer fiel, sich eingefügt sehen mußte in die Kategorien einer lernzielorientierten Didaktik, schließlich Versuchen der Operationalisierung und Effektivitätskonstrolle (Meyer 1972, S. 92f.; 1977). Dieser Vorgang der sinnwidrigen Instrumentalisierung setzte sich relativ unabhängig davon durch, ob Emanzipation erziehungswissenschaftlich ausgelegt wurde als die in aller Erziehung angelegte Tendenz zur Freisetzung des Menschen, als offensives Programm demokratischer Bildungsreform, als Ausdruck möglicher Subversivität der Erziehung oder in denunziatorisch gemeintem Gegenzug als Chiffre, mit der die freiheitsfeindliche Orientierung der sogenannten Pädagogik der »Neuen Linken« überführbar sei. Das Mißverständnis liegt aber auch hier nicht primär in den unterschiedlichen Intentionen, sondern in einem technischen Verfügungswillen, der die ihm adäquaten Mittel nicht in ihrer Unvereinbarkeit mit dem postulierten Ziel zu erkennen vermag. Neuere psychoanalytische Auseinandersetzungen legen nahe, daß die theoretisch als emanzipatorisch wirksam rekonstruierbare Handlung praktisch nicht in der Absicht, solche Wirkungen zu erzielen, vollzogen werden kann

(Menne 1976, S. 70). Darin liegt nun abermals ein klärender Bezug auf verdrängtes pädagogisches Wissen. Denn für die pädagogische Überlieferung war stets gewiß, daß die Möglichkeitsbedingung für Bildung die Hingabe an eine sachliche Aufgabe ist, nicht die autistische Befangenheit im eigenen Vollendungsbemühen, daß also Bildung als solche zu erstreben das Verkehrte dessen ist, was sie wollen kann, wie später Theodor W. Adorno (1962) als Folie für die »Theorie der Halbbildung« noch einmal auch soziologisch bestätigte. Emanzipation ist, wie auch der Begriff der Bildung selbst, pädagogisch Rechtens und unverzichtbar als regulatives Prinzip zu verstehen, nicht als operationalisierbare Zielsetzung (Fischer 1972, S. 71f.; Fahrenbach 1977, S. 168f.).

Der Rückverweis auf verdrängtes pädagogisches Wissen im Zusammenhang der Stichworte »Sozialisation« und »Emanzipation« steht exemplarisch für die Möglichkeit handlungsrelevanter pädagogischer Theorie: Erzieherisches Handeln ist an keiner Stelle *nur* ein technisches. Im Ernst hat das ja auch kaum einer von uns behauptet. Aber aufgrund der Entwicklung unserer Disziplin ist die Erinnerung notwendig. Sie bedeutet keine Rücknahme des Wissenschaftsanspruchs, auch keine verdeckte Theoriefeindlichkeit, sondern Betonung der systematisch unhintergehbaren Spannungsmomente von erziehungsphilosophischer Reflexion und technisch verfügbarem Steuerungswissen. In der gegenseitigen Begrenzung beider Momente aber trifft die Erziehungswissenschaft die Struktur edukativer Prozesse an als die ihr zugehörige Praxis, indem sie die dieser Praxis immanente Theorie erkennt und anerkennt. Dann ist Praxis weder bloßer Anwendungsfall von Theorie, noch erscheint Theorie nur als ausformuliertes Selbstverständnis naturwüchsig vorgegebener Praxis. Deshalb gibt es kein Zurück zur naiven und ideologiekritisch unaufgeklärten Unmittelbarkeit des Praxiserlebnisses, einen Rückfall in den Bann der »Schwarzen Pädagogik« (Rutschky 1977), sondern nur das Fortschreiten auf dem Weg der wissenschaftlichen Durchdringung. Ich nenne das die Wirksamkeit eines der wissenschaftlichen Reflexion selbst entstammenden praktischen Prinzips theoretischer Erkenntnis.

Von da aus kann nun der Gedankengang auf den Anfang zurückbezogen und seinem Ziele zugeführt werden. Indem ich zum Abschluß das Gemeinte an der Bedeutung erziehungswissenschaftlicher Erkenntnisse gerade für bildungspolitisches Handeln illustriere, will ich keinesfalls dieses Feld als das für die Pädagogik wichtigste auszeichnen. Die Aufklärung des pädagogischen Alltagshandelns auf der Mikroebene wird in den nächsten Jahren Vorrang haben. Aber durch die bildungspolitische Inanspruchnahme des letzten Jahrzehnts ist der Vorschußkredit auf technologisch verwertbares Wissen für die gesamte Erziehungswissenschaft so überdimensional gesteigert worden, daß auch die Auflösung der Aporien von hier aus angedeutet werden muß.

In äußerster Zuspitzung und Verdichtung ist die von mir als notwendig bezeichnete Korrekturperspektive abzulesen an der bildungspolitischen Inanspruchnahme der Erziehungswissenschaft für Bewährungskontrollen. Denn die Gründe der Inanspruchnahmen stehen durchweg in Spannung zu Maßstäben, die dem zu beurteilenden Projekt eine *pädagogische* Qualität abverlangen. Die Gründe sind an Legitimationsfragen orientiert, etwa ob die Öffentlichkeit zur Zustimmung bewogen werden könne, sie sind an der Erweiterung administrativer Eingriffsmöglichkeiten bei der Steuerung des Bildungswesens interessiert, und sie sind auf eine Verbesserung von Aufwand und Ertrag, also auf ökonomische Effizienz gerichtet, dies alles zusammengefaßt in der vom politischen Auftraggeber an die Wissenschaft gerichteten Frage nach Erfolg oder Scheitern. Die Formel »Erfolg oder Scheitern« aber, indem sie als Beschwichtigung und als Drohung zugleich sich erweist, legt die Unangemessenheit und auch Uneinlösbarkeit der an die Erziehungswissenschaft gerichteten Erwartung bloß, damit zugleich aber auch die produktive Antwort. Die Rede von dem wissenschaftlich zu ermittelnden »Erfolg oder Scheitern« dient dem Politiker zur Beschwichtigung einer vielleicht skeptischen Öffentlichkeit und zur Neutralisierung der Opposition. Denn im Lichte der alternativen Frage scheint es sich nicht mehr um eine rein politische Entscheidung zu handeln, vielmehr wird suggeriert, durch ein wissenschaftliches Votum die politische Entscheidung zu einer pädagogischen machen zu können, der gegenüber der Gegner schweigen muß. Die Möglichkeit der parlamentarischen Demokratie beruht ja unter anderem auch darauf, daß Menschen unterschiedlicher politischer Überzeugungen dennoch solidarisch sein können in der Lösung der für das Gemeinwesen lebenswichtigen Fragen. Dazu gehören zweifellos Erziehung, Schule, Berufsausbildung. Sofern also eine Veränderung in diesem Bereich nur dann als verallgemeinerungsfähig ausgegeben wird, wenn sie in ihrer Sachstruktur als pädagogische Verbesserung erwiesen ist, darf sich der Veranstalter der Reform als politisch unangreifbar betrachten. Diese Scheinheiligkeit kann aber nur darum wirksam sein, weil die Formel von Erfolg oder Scheitern nicht allein als Beschwichtigung, sondern ebenso als Drohung benutzt wird. Der Reformgegner prognostiziert dem Verantwortlichen das Scheitern. Dabei muß er sich aber auf die von ihm selbst politisch abgelehnten Ziele berufen, um deren Scheitern negativ bescheinigt zu sehen, statt sich darüber zu freuen. Die in einem solchen Votum enthaltene Diskrepanz zwischen dem für ein Scheitern beanspruchten, allein im Dienste der Drohung stehenden Maßstab und den davon durchaus abweichenden eigenen Wertungsgrundsätzen muß der Urteilende ausgleichen. Das versucht er – die Argumentation umdrehend –, indem er die pädagogische Qualität des Bildungswesens gegen die Veränderung seiner politischen Funktion ausspielt, ja schließlich, wie wir es in den letzten Jahren zunehmend erlebt haben, bis hin zu Begründungen von Verwaltungsgerichtsurteilen, überhaupt jede politische Veränderung der Funktion des Bildungswesens als unpädagogisch disqualifiziert, so als ob die historisch gewordene Struktur des Bildungswesens eine Inkarnation pädagogischer Vernunft sei.

In die sich daraus ergebenden Antagonismen verstrickt sich eine Erziehungswissenschaft, die dem lückenlos-determinierenden Theorie-Praxis-Kontinuum nachjagt, die die einlinig an Zweck-Mittel-Relationen orientierten Evaluationskonzepte mit Genauigkeitspathos anzuwenden sucht. Denn das Erwartete kann dann doch nie beigebracht werden, so daß schließlich irritiert und resigniert festzustellen ist, eine überhaupt noch nicht realisierte Reform werde ohne summatives wissenschaftliches Votum als gescheitert ausgegeben, um Reformpolitik in dem Augenblick abbrechen zu können, indem sich die vordem als Zielperspektive aufgegebenen Wirkungen zaghaft einzustellen beginnen (Becker 1976). Von da aus bestimmt sich eine Reformulierung der erziehungswissenschaftlichen Aufgabe, nämlich beizutragen, daß die Schere zwischen dem, was als Erfolg von den Beteiligten anerkannt wird, und dem, was im Blick auf die Ziele tatsächlich Erfolg zu sein hat, sich nicht erweitert, sondern schließt. Diese »Schere« aber ist auch eine Frage der nicht in eine Evaluation eingehenden Hoffnungen und Befürchtungen hinsichtlich der pädagogischen Qualität der durch die Reform veränderten institutionell-organisatorischen und curricularen Bedingungen. Das aber heißt: die Legitimationsfunktion, um derentwillen der politische Auftraggeber die Wissenschaft sucht, ist unlösbar mit Konstruktion und Optimierung verbunden (Gruschka 1976). Das technisch verfügbare Bewertungs- und Steuerungswissen hat seine pädagogische Relevanz also nur in der Rückbindung an metaszientistische Orientierungen, wie umgekehrt diese auf szientistische Vermittlungen angewiesen bleiben (Derbolav 1975; 1977). Und dieser Zusammenhang besteht völlig unabhängig davon, ob ein Evaluationskonzept das nun intendiert, als unvermeidlich einräumt oder bestreitet. Was offen bleibt, ist allenfalls, ob den Funktionen insgesamt gezielt und methodologisch bewußt entsprochen werden soll oder ob sich die Wissenschaft für einige von ihnen für unzuständig erklärt und damit für die Verwendung ihrer Resultate insgesamt.

Positiv gewendet, folgt daraus, daß der Erziehungswissenschaftler als Evaluator auf die heuchlerisch oder irrtümlich behauptete Neutralität in dem Sinne verzichten kann, als ob er am Ausgang des Versuches desinteressiert wäre. Er muß für die Ziele des zu evaluierenden Versuchs insofern engagiert sein, als er sie einstellt in die Offenheit eines pädagogischen Sinnhorizonts und diesen auch und gerade gegen seinen Auftraggeber und dessen Defaitismus verteidigt. Dann und nur dann ist es gerechtfertigt, die Wissenschaft im Dienste des politischen Erfolges zu sehen, die Selbständigkeit der pädagogischen Theorie im Dienste der erzieherischen Praxis. Indem die Wissenschaft so einer bildungspolitischen Zielsetzung verbunden ist, ihr aber nicht instrumental und damit auch nicht agitatorisch verfügbar wird, identifiziert sie ihr Subjekt als erkennendes und handelndes zugleich. In dieser Aufgabe liegt der Schnittpunkt für die europäische Bildungstradition und die Bedingungen der wissenschaftlich-technischen Zivilisation. Der Schnittpunkt heißt: Erziehungswissenschaft!

Literatur

Adorno, Th. W.: *Theorie der Halbbildung,* in: Horkheimer, M. / Adorno, Th. W.: *Sociologica II (Frankfurter Beiträge zur Soziologie,* Bd. 10), Frankfurt/M. 1962, S. 168–192

Adorno, Th. W. (Hrsg.): *Der Positivismusstreit in der deutschen Soziologie,* Neuwied 1969

Beck, J.: *Lernen in der Klassenschule,* Reinbek 1974

Becker, H.: *Die Bildungsreform geht weiter,* in: Becker, H. / Dahrendorff, R. / Glotz, P. / Maier, H.: *Die Bildungsreform – eine Bilanz,* Stuttgart 1976, S. 9–41

Blankertz, H. / Brockmeyer, R.: *Grundlagen der curricularen Schwerpunktbildung für Kollegschule NW,* in: Kell, A. / Schenk, B. (Hrsg.): *Grundbildung – Schwerpunktbezogene Vorbereitung auf Studium und Beruf in der Kollegschule,* Kronberg 1978

Brezinka, W.: *Die Krise der wissenschaftlichen Pädagogik im Spiegel neuer Lehrbücher,* in: *Zeitschrift für Pädagogik,* 12 (1966), S. 53–88

Brezinka, W.: *Über den Wissenschaftsbegriff der Erziehungswissenschaft und die Einwände der weltanschaulichen Pädagogik,* in: *Zeitschrift für Pädagogik,* 13 (1967), S. 135–168

Brezinka, W.: *Die Pädagogik der Neuen Linken,* Stuttgart 1972

Bronfenbrenner, U.: *The origins of alienation,* in: *Scientific American* (1974), S. 53ff

Cube, F. v.: *Kybernetische Grundlagen des Lernens und Lehrens,* Stuttgart 1968

Dahmer, I. / Klafki, W. (Hrsg.): *Geisteswissenschaftliche Pädagogik am Ausgang ihrer Epoche – Erich Weniger,* Weinheim 1968

Derbolav, J.: *Pädagogik und Politik,* Stuttgart 1975

Derbolav, J. (Hrsg.): *Grundlagen und Probleme der Bildungspolitik,* München 1977

Deutscher Bildungsrat: *Empfehlungen der Bildungskommission: Einrichtung von Schulversuchen mit Ganztagsschulen,* Bonn 1968

Deutscher Bildungsrat: *Empfehlungen der Bildungskommission: Zur Neugestaltung der Abschlüsse im Sekundarschulwesen,* Bonn 1969

Deutscher Bildungsrat: *Empfehlungen der Bildungskommission: Strukturplan für das Bildungswesen,* Bonn 1970

Deutscher Bildungsrat: *Empfehlungen der Bildungskommission: Zur Einrichtung eines Modellprogramms für Curriculum-Entwicklung im Elementarbereich,* Bonn 1973

Fahrenbach, H.: *Befreiung als praktisches Problem der Freiheit,* in: Simon, J. (Hrsg.): *Freiheit,* München 1977, S. 137–170
Fischer, W.: *Schule und kritische Pädagogik,* Heidelberg 1972
Flitner, A. (Hrsg.): *Der Numerus clausus und seine Folgen,* Stuttgart 1976
Flitner, A.: *Sprache und literarischer Stil in den Sozialwissenschaften und in der Pädagogik,* in: *Zeitschrift für Pädagogik,* 23 (1977), S. 1–8 (a)
Flitner, A.: *Mißratener Fortschritt. Pädagogische Anmerkungen zur Bildungspolitik,* München 1977, (b)
Flitner, A. / Lenzen, D. (Hrsg.): *Abiturnormen gefährden die Schule,* München 1977
Frank, H.: *Kybernetische Grundlagen der Pädagogik,* Baden-Baden 1969
Gamm, H. J.: *Das Elend der spätbürgerlichen Pädagogik,* München 1972
Gruschka, A. (Hrsg.): *Ein Schulversuch wird überprüft – Das Evaluationsdesign für Kollegstufe NW als Konzept handlungsorientierter Begleitforschung,* Kronberg 1976
Heitger, M.: *Kritische Anmerkungen zur Weiterentwicklung der Pädagogik des Curriculums,* in: Benner, D. (Hrsg.): *Aspekte und Probleme einer pädagogischen Handlungswissenschaft,* Kastellaun 1977, S. 59–71
Hentig, H. v.: *Erkennen durch Handeln,* in: Flitner, A. / Herrmann, U. (Hrsg.): *Universität heute. Wem dient sie? Wer steuert sie?* München 1977, S. 198–230
Herrmann, U.: *Emanzipation. Materialien zur Geschichte eines politisch-sozialen und politisch-pädagogischen Begriffs der Neuzeit, vornehmlich im 19. Jahrhundert,* in: *Archiv für Begriffsgeschichte* XVIII (1974), S. 85–143
Heydorn, H.-J.: *Über den Widerspruch von Bildung und Herrschaft,* Frankfurt/M. 1970
Heydorn, H.-J.: *Zur Neufassung des Bildungsbegriffs,* Frankfurt/M. 1972
Hornstein, H.: *Lerntheoretische Gedanken zum Sozialisationsproblem,* in: Benner, D. (Hrsg.): *Aspekte und Probleme einer pädagogischen Handlungswissenschaft,* Kastellaun 1977, S. 73–91
Huisken, F.: *Zur Kritik bürgerlicher Didaktik und Bildungsökonomie,* München 1972

Klafki, W.: *Erziehungswissenschaft als kritisch-konstruktive Theorie: Hermeneutik-Empirie-Ideologiekritik,* in: *Zeitschrift für Pädagogik,* 17 (1971), S. 351–385; jetzt auch in: Klafki, W.: *Aspekte kritisch-konstruktiver Erziehungswissenschaft,* Weinheim 1976, S. 13–49

Klafki, W.: *Organisation und Interaktion in pädagogischen Feldern. Thesen und Argumentationsansätze zum Thema und zur Terminologie,* in: Blankertz, H. (Hrsg.): *Interaktion und Organisation in pädagogischen Feldern,* in: *Zeitschrift für Pädagogik,* 13 (1977), S. 11–38

KMK – Ständige Konferenz der Kultusminister der Länder der Bundesrepublik Deutschland: *Vereinbarung zur Neugestaltung der gymnasialen Oberstufe in der Sekundarstufe II vom 7. 7. 1972,* Darmstadt 1972

Koch, C. / Senghaas, D. (Hrsg.): *Texte zur Technokratiediskussion,* Frankfurt/M. 1970

Koneffke, G.: *Integration und Subversion. Zur Funktion des Bildungswesens in der spätkapitalistischen Gesellschaft,* in: *Das Argument,* 11 (1969), S. 389–430

Kossolapow, L.: *Musische Erziehung zwischen Kunst und Kreativität,* Frankfurt/M. 1975

Lübbe, H.: *Holzwege der Kulturrevolution,* in: *Süddeutsche Zeitung,* 21./22. 1. 1978

Menne, K.: *Kommunikation und Exkommunikation. Zur Rekonstruktion praktischer Kritik,* in: Menne, K. / Looser, M. / Osterland, A. / Brede, K. / Moersch, E.: *Sprache, Handlung und Unbewußtes,* Kronberg 1976, S. 13–74

Meyer, H. L.: *Einführung in die Curriculummethologie,* München 1972

Meyer, H. L.: *Trainingsprogramm zur Lernzielanalyse,* Kronberg ^{6}1977

Mollenhauer, K.: *Theorien zum Erziehungsprozeß,* München 1972

Mollenhauer, K.: *Interaktion und Organisation in pädagogischen Feldern,* in: Blankertz, H. (Hrsg.): *Interaktion und Organisation in pädagogischen Feldern,* in: *Zeitschrift für Pädagogik,* 13 (1977), S. 39–56

Neue Viehzucht. Anarchoblatt für Münster, 37 (1974)

Roth, H.: *Die realistische Wendung in der pädagogischen Forschung,* in: *Neue Sammlung* 2 (1962), S. 481–491

Roth, H.: *Der Lehrer und seine Wissenschaft. Erinnertes und Aktuelles,* Hannover 1976

Rutschky, K. (Hrsg.): *Schwarze Pädagogik. Quellen zur Naturgeschich-*

te der bürgerlichen Erziehung, Frankfurt/M. 1977
Schmitz, K.: *Zur Konzeption der Oberstufenreform,* in: Neue Sammlung 17 (1977), S. 450–464
Sebbel, E. (Hrsg.): *Die Reform der gymnasialen Oberstufe in Nordrhein-Westfalen,* Hannover 1976
Thiersch, H.: *Zum Selbstverständnis des Diplom-Pädagogen,* in: *Bundesarbeitsgemeinschaft Diplom-Pädagogen: Dokumentation der Gründungsversammlung in Frankfurt 17./18.6.1977* (hektograph. Ms.)